Spiele, Tricks und Challenges für Zuhause

Burner Motion
Muriel Sutter (Hrsg.)

burner
@home

Muriel Sutter &
The Burner Motion
Community

hofmann.

Reihe Burner Motion
Herausgegeben von Muriel Sutter

Bisher erschienene Bände
- burner games
  Kleine Spiele
  mit großem Spaßfaktor
- burner games reloaded
  Neue Spiele
  für noch mehr Spaß
- burner games revolution
  Neue Ideen
  für ultimative Spielstunden
- burner games fantasy
  Spaß – Spannung – Abenteuer
- burner speed handball
  einfach – attraktiv – schnell
- burner gladiators
  Kleine Fights
  für große Kämpfer
- burner parkour
  Effizient über
  Stock und Stein
- burner acrobatics
  Coole Stunts
  zum Abheben
- 3-2-1 goal!
  Spielerischer Werkzeugkasten
  für Sportspiele
- donut hockey
  Fast Food
  for Fast People
- burner games academy 1
  Nachwuchs für neue
  Burner Abenteuer
- burner breaking
  Style your Moves
- burner stage
  Kleine Spielformen
  für den großen Auftritt
- burner@home
  Spiele, Tricks und Challenges
  für Zuhause

burner@home

Spiele, Tricks
und Challenges
für Zuhause

Vorwort

Pfade zu schaffen, wo noch keine Wege sind – das war schon immer das Credo von Burner Motion. Die Welt verändert sich ständig und hält immer wieder neue Herausforderungen bereit, auch für Sportunterricht und Training.

Welcher Unterrichtende hat sich nicht bereits Gedanken gemacht, wie die Schützlinge motiviert werden könnten, auch außerhalb der Präsenz-Lektionen an Koordination, Kraft und Beweglichkeit zu arbeiten? Dabei wurde wohl jedem klar: Das ist nicht so einfach. Der innere Schweinehund ist mächtig – wenn erst die Haustür hinter einem ins Schloss fällt, locken Konsole, Netflix und Kühlschrank.

Burner@home setzt genau hier an – Dieses Büchlein bietet eine Ideensammlung mit vielfältigen kleinen Spielen, Tricks und Fitness-Challenges, welche den größten Couch-Potato vom Sessel reißen. Die Ideen eignen sich als bewegte Hausaufgaben genauso wie für den Online-Unterricht, oder für all jene, die generell keine Sporthalle zur Verfügung haben, denn alle Inhalte lassen sich mit normalen Alltagsmaterialien umsetzen.

Die Challenges kommen von Experten aus Belgien, Niederlande, Italien, Spanien, Island, Finnland, Deutschland, Indien, Taiwan, Lettland, Litauen, Serbien, USA und der Schweiz (Liste S. 106). Ein großes Danke an die Burner-Community für die unvergleichliche Inspiration!

Viel Spaß mit Burner@home! Muriel Sutter

Einleitung

Wie fange ich an?
«Einfach machen» ist stets die Burner Devise. Wie die klassischen Burner Games bietet die @home-Sammlung eine Auswahl an Ideen, die entweder einzeln umgesetzt oder zu ganzen Einheiten komponiert werden können. Die Möglichkeiten sind vielfältig – nach ein paar Warm-Up-Ideen folgen die Schwerpunkte Fitness, Akrobatik, Äquilibristik und Fun Challenges. Spielerisch werden Skills geübt, aber auch spannende Wettkämpfe ausgetragen – online oder in der Kleingruppe zu Hause.

burner@home Warm-Up
Hier werden in verschiedenen Varianten alle Körperteile aktiviert, gedehnt, und der Kreislauf in Bewegung gebracht.

burner@home Athletics
Kraft und Beweglichkeit werden spielerisch verbunden und in kreativen Aufgaben umgesetzt – mit Büchern, Kartoffeln, Putzmaterial und vielem mehr.

burner@home Acrobatics
Das traute Heim bietet vielfältige Möglichkeiten, neue Skills zu lernen und spektakuläre Tricks zu gestalten. Hier gibts Inspiration für sichere und machbare Stunts.

burner@home Äquilibristik
Kleine Kunststücke mit WC-Rollen, Küchenmaterial und anderen ausgefallenen Objekten fördern Balance, Treffsicherheit, Reaktionsfähigkeit und vor allem Experimentierfreude!

burner@home Fun Challenges
Spielfreude zu erleben gibt Energie und Motivation für den ganzen Tag. Mit diesen kleinen Challenges kann man auch gut bewegte Pausen gestalten.

Bonus-Material
Videos zu allen Challenges online
▸ Link: www.burnermotion.ch/virtualmotion
▸ Passwort: burnerathome-gohelpyourself_123!!!

Mehr Infos: www.burnermotion.ch/burnerathome

Inhalt

Burner@home unterrichten	**4**
Über dieses Buch	4
Lektionsgestaltung	4
Burner@home als Fernunterricht	5
Burner@home als Hausaufgaben	5
Material und Infrastruktur	5
Sicherheit	5
Warm-Up @home	**7**
Einführung	7
Burner Warm-Up-Kollektion	8
Athletics @home	**17**
Einführung	17
Fun Athletics Games & Challenges	18
Acrobatics @home	**35**
Einführung	35
Acrobatics Challenges	36
Äquilibristik @home	**67**
Einführung	67
Äquilibristik Challenges	68
Fun Challenges @home	**85**
Einführung	85
Fun Games & Competitions	86
Anhang	**106**
Expertenteam	106
Dank	108

Burner@home unterrichten

Über Burner@home

Dies ist kein Lehrbuch, das man einfach von A–Z umsetzt. Diese Sammlung bietet eine große Vielfalt an Ideen für alle Geschlechter, Altersgruppen und sportlichen Levels. Daraus lassen sich ganze Lektionen zusammen stellen – aber die Aufgaben können auch einzeln als bewegte Pausen, Hausaufgaben oder anderweitige selbstständige Arbeitsaufträge verwendet werden. Bei jeder anspruchsvolleren Challenge werden verschiedene Niveaus präsentiert, bei den Wettkämpfen und Spielen Variationsmöglichkeiten und Organisationsideen. Wichtig ist, dass vor jedem Training ein kleines Warm-Up erfolgt. Die Ideen sind nach folgendem Raster aufbereitet:

- Warm-Up @home
- Athletik @home
- Acrobatics @home
- Äquilibristik @home
- Fun Challenges @home

Die visuelle Aufbereitung mit vielen Fotos und Skizzen ermöglicht auch selbstständiges Arbeiten der Lernenden. Alle Challenges sind mit den Flammen-Symbolen nach den folgenden Fähigkeiten klassifiziert:

Koordination:
Beweglichkeit:
Kraft:

Lektionsgestaltung

Aus organisatorischen Gründen macht es, wie im herkömmlichen Unterricht, meistens Sinn, die Inhalte auf eine Auswahl von Hilfsmitteln zu begrenzen (z. B. Stuhl, Wand, Kochlöffel, Kartoffel), damit auch für die Teilnehmenden kein großer Aufwand im Vorfeld anfällt. Ferner ist es sinnvoll, bei der Lektionsgestaltung Elemente aus verschiedenen Kapiteln zusammen zu stellen, um den Körper ausgewogen zu belasten. Man kann aber auch eine ganze Unterrichtseinheit für einzelne Themen (z. B. Rumpfkraft, Balancefähigkeit, Handstand) aus den Challenges heraus gestalten. Als Faustregel kann man sagen, jedes Training sollte mindestens Elemente aus drei verschiedenen Bereichen beinhalten. Gerade im Online-Unterricht ist es sehr herausfordernd, die Leute «bei der Stange zu halten» – umso wichtiger ist es, stets einen guten Mix zwischen Bewegungsfreude und Training zu kreieren.

Burner@home unterrichten

Burner@home als Fernunterricht

Im Fernunterricht kann man so arbeiten, als ob man vor der Klasse stünde – man gibt der Klasse im Vorfeld bekannt, was benötigt wird (z. B. leere Wand, 1 Kissen, 1 Flasche, Sofa), dann trifft man sich auf einer Online-Plattform wie z. B. Zoom, und führt 1 zu 1 den Unterricht durch. Auf den modernen Medien besteht natürlich auch die Möglichkeit, Reihenbilder und/oder Videos einzublenden, oder Online-Arbeitsgruppen für kreative Aufgaben zu arrangieren. Coaching und Rückmeldung kann direkt online, aber auch über eingesendete Fotos oder Videos erfolgen.

Burner@home als Hausaufgabe

Am einfachsten ist es, wenn man innerhalb einer Online-Lektion, eine Challenge erklärt bzw. vorzeigt, und verlangt, dass die Trainierenden bis zu einem bestimmten Zeitpunkt ein Foto oder Video davon einsenden. Dieser Weg vermeidet auch, dass sich weniger Erfolgreiche vor der Gruppe blamieren. Alternativ kann man auch mit den interaktiven PDF-Lernkarten und/oder der Videoplattform zum Buch arbeiten. Link: www.burnermotion.ch/virtualmotion, Passwort: burnerathome-gohelpyourself_123!!!

Material und Infrastruktur

Alle Homework-Aufgaben sind so konzipiert, dass sie nur Alltagsmaterialien brauchen, die in jedem Haushalt so oder in ähnlicher Form vorhanden sind. Wer keinen weichen Teppichboden zu Hause hat, dem könnte allerdings eine Yoga- oder RX-Matte sehr dienlich sein.

Sicherheit der Turnenden und Schutz der Infrastruktur

Um Unfälle zu vermeiden, ist vor allem auf eine adäquate Auswahl der Übungen zu achten, die den Fähigkeiten der Trainierenden gerecht werden. Es gibt aber auch einige Merkpunkte, die wichtig sind, um Schäden an Haus und Mobiliar zu verhindern:
- Stühle und Tische rutschsicher platzieren (z. B. auf Yogamatte).
- Materialien vor der Benutzung überprüfen (ein angesengtes Brotbrett hält ggf. nicht mehr so viel Gewicht aus wie ein neues …).
- Genügend Sturzraum schaffen (ggf. Möbel etwas beiseite rücken).
- Wenn man Indoor-Wände beturnt, weiße Socken tragen (Striemen).
- Differenzieren: Verschiedene Levels zeigen/anbieten, damit alle Teilnehmenden gefordert, aber nicht überfordert sind.
- Eigene Ideen von Teilnehmern sind vor dem Ausprobieren unbedingt mit dem Leitenden zu besprechen.

Warm-up @home

Zu Hause ist der Lockruf von Sofa und Konsole besonders laut. Umso bewusster muss der Körper auf Aktivität vorbereitet werden. Hier finden sich Ideen, um den Kreislauf zu aktivieren, und Muskeln/Gelenke auf Action zu trimmen.

Warm-Up @home

Shopping Relay – Muriel Sutter, Schweiz

In einem Flur oder auch quer durchs Wohnzimmer wird mit verschiedenen Objekten ein Slalomparcours aufgestellt. Nun positioniert sich der erste Spielende am Start, indem er beide Füße in eine (Stoff!) Einkaufstüte stellt, deren Henkel er festhält. Auf Signal hüpft er so schnell wie möglich durch den Parcours. Sobald die Ziellinie überquert ist (oder eine definierte Wand berührt), wird die Zeit gestoppt. Dann folgt der nächste Spielende. Wer ist am schnellsten?

Online: Die Distanz wird ausgemessen und markiert (z. B. 10 Fußlängen von der Wand), die Anzahl «Slalomstangen» definiert. Der Computer wird direkt bei der Ziellinie aufgestellt, sodass man nach Zieleinlauf sofort eine Eingabe im Chat platzieren kann. Der Spielleitende erkennt die Rangliste an der Reihenfolge der Chateinträge.

Varianten
Mit anderen Aufgaben kombinieren – z. B.
- Nach 2 Hindernissen 1x um sich selber drehen.
- Sitzend starten, aufstehen, ohne den Sack loszulassen.
- Hindernisse zum Überhüpfen aufstellen.
- Vor dem Start eine Rolle vorwärts ausführen.
- Risikofreudige versuchen es mit gefüllten Wassergläsern. Wer eines umwirft, muss danach den Boden aufwischen ;-)

Es braucht
- 1 Stoff-Einkaufstüte, 5–6 Objekte als Slalom-Stangen

Warm-Up @home

Home Exploring

Diese kleinen Aufgaben dienen dazu, den Kreislauf in Schwung zu bringen. Cardio-Aufgaben sind insbesondere in Wohnräumen schwierig umzusetzen (Platzmangel, Stolpergefahr). Dennoch ist es wichtig, Puls und Atem zumindest kurz zu beschleunigen, bevor man sich an die Challenges wagt.

Ideen
- 5x im Treppenhaus vom Keller in den Dachstock rennen (wer in einem Hochhaus wohnt, reduziert die Anzahl Wiederholungen).
- 5x ums Haus rennen.
- 3 Serien à 50x Seilspringen.
- 5x so hoch wie möglich springen, und versuchen, die Zimmerdecke zu berühren.
- 5x auf einen Stuhl steigen und wieder herunter springen.

Es braucht
- Nichts!

Dummy Tomb Raider

Hier braucht es 2 Personen im selben Raum. Spieler A stellt sich vor eine Wand, Spieler B kniet mit ca. 3 m Abstand am Boden, mit je 5 Kissen und Sockenknäueln. Nun hat B 30 Sekunden Zeit, A möglichst oft mit Würfen (Socken) oder Gleitelementen (Kissen) zu treffen. Dann erfolgt Rollenwechsel. Wer landet mehr Treffer? Es darf nur ein Objekt auf einmal ausgesendet werden.

Variante
- Spieler A hat 30 Sekunden Zeit, sich unter Beschuss eine bestimmte Distanz (mit Klebband am Boden markieren, oder eine Tür erreichen) fortzubewegen. Schafft er dies, ohne getroffen zu werden, gewinnt er. Dann erfolgt Rollenwechsel.

Es braucht
- 5–10 Sockenknäuel und Kissen

Warm-Up @home

Sun Flow

Dieser kleine Yoga-Flow ist einfach, elegant und verbindet Aktivierung der Muskulatur, Mobilisation der Gelenke, Dehnung und Kräftigung. Der Flow ist ein perfekter «All together» Einstieg in den Online-Unterricht, kann dort beliebig erweitert werden. Er kann aber auch als PDF als Hausaufgabe abgegeben werden.

Es braucht
▸ Bei Bedarf ruhige Musik

Warm-Up @home

Ninja Rubber Workout – Stephano Tsai, Taiwan

Für ein Fun-Ganzkörper-Workout mit Gummiband macht man jede Übung 2 Sets x 10 Wiederholungen:

Biceps Power: Band mit beiden Händen fassen, in der Mitte mit beiden Füßen darauf stehen. Die Arme anwinkeln und wieder strecken.

Triceps Power: Ausgangsposition wie oben, die Arme werden nach hinten gestreckt. Die Ellbogen zeigen immer nach hinten.

Power Squats: Kniebeugen mit dem Band über den Schultern.

Bauchkiller: Die Beine werden gehoben und wieder abgesenkt – bei Bedarf mit der Unterstützung der Arme (Zug am Band).

Es braucht
▸ 1 Gummiband oder Seil

Warm-Up @home

Indiana Jones

Im Türrahmen wird eine fast leere PET-Flasche aufgehängt. Auf der einen Seite des Rahmens wird ein Stuhl mit Kleinmaterial (z. B. Spielzeug, Sockenknäuel, …) platziert, auf der anderen bringt sich der Spielende in Position. Dieser zieht die Flasche auf eine Seite (Bild 1). Auf Signal wird diese losgelassen, sodass sie pendelt. Nun versucht der Spielende, ein Objekt nach dem anderen auf seine Seite zu bringen, ohne von der Flasche berührt zu werden. Man darf sammeln bis das Pendel steht oder man erwischt wird. Wer ergattert am meisten Objekte? Dann folgt Runde 2 mit der schwächeren Hand.

Varianten
- Auf Zeit: Wer schafft mehr Objekte in 30 Sekunden?
- Online: Wer z. B. 10 Objekte sichern konnte, macht einen Chateintrag Der Moderierende gibt bekannt, wer am schnellsten war.

Es braucht
- 10–30 kleine Objekte, 1 Schnur, 1 PET-Flasche

Warm-Up @home

Throw back Rock'n'Roll

Start ist in Rückenlage, ca. 0,5 m hinter dem Kopf wird ein Kübel platziert, vor den Füßen ein Haufen Kleinmaterial (z. B. Sockenknäuel). Nun packt der Spielende ein Objekt mit beiden Füßen und rollt soweit rückwärts, damit er es in den Kübel fallen lassen kann. Die Übung wird wiederholt, bis es keine Objekte mehr hat.

Varianten
▸ Als Wettkampf «live»: Zwei Spielende liegen einander gegenüber, oder mehrere in einem Kreis – die Objekte liegen in der Mitte, jeder hat einen Kübel hinter sich. Es wird gespielt, bis keine Objekte mehr da sind. Wer hat mehr in seinem Kübel? (Fehlwürfe werden abgezählt!)
▸ Online: Wer 10 Treffer geschafft hat, macht einen Chat-Eintrag.

Es braucht
▸ Pro Person 1 Kübel und 5–10 Sockenknäuel

Socken Boccia

Es werden pro Spieler 4 gleichfarbige Sockenknäuel mit Kartoffeln drin präpariert. Als Marker dient eine Kartoffel ohne Socke.
Nun wird zunächst Sig Sag Sug gespielt – der Gewinner darf den Marker werfen. Nun werden die Sockenknäuel der Reihe nach von einer definierten Linie aus möglichst nah an den Marker geworfen. Derjenige, der am nächsten kommt, gewinnt.

Online: Es werden verschieden große Pfannen und Schüsseln aufgestellt (Vorgabe für alle gleich, erfolgt durch den Spielleitenden, der auch bestimmt, welches Gefäß wie viele Punkte ergibt). Dann führt jeder für sich seine Würfe aus, zählt die Punkte zusammen und schreibt den Score in den Chat.

Es braucht
▸ Pro Person 1 Kübel und 5–10 Sockenknäuel

Warm-Up @home

Formel W – Muriel Sutter, Schweiz

Zwei Spielende setzen sich an eine Wand, wo sie vor sich mindestens 3 Meter Platz haben (Distanz ausmessen und markieren!). Pro Spielendem wird eine WC-Rolle ausgerollt, und an deren Ende eine Kartoffel platziert. Auf Signal des Spielleitenden muss die Rolle möglichst schnell aufgerollt werden, bis die Kartoffel gepackt werden kann. Wer ist schneller? Wenn das Papier reißt oder die Kartoffel herunterfällt, wird man disqualifiziert.

Varianten
▸ Online: Sobald man die Kartoffel greifen kann, wird ein Chateintrag gemacht.
▸ Verschiedene Objekte ausprobieren. Je ründer, desto schwieriger! Eier zum Beispiel sind schwierig. oder auch Objekte, die umfallen können, z. B. ein Gewürzfläschchen oder eine Playmobilfigur.
▸ Im Stehen, barfuß: Das Papier wird mit den Zehen eingezogen.

Es braucht
▸ Pro Spielenden 1 WC-Rolle und 1 Kartoffel (oder anderes Objekt)

Warm-Up @home

Top Ten Stretches

Small Step
- Vorschrittstellung, Füße und Hüfte Richtung Wand
- Ferse des hinteren Beines in den Boden stoßen

Quad Stretch
- Einen Fuß in die Hand nehmen. Hüfte aufrichten (Bauchnabel nach innen/hinten ziehen)
- Ferse gegen den Hintern drücken

Butterfly
- Sitzposition, beide Fußsohlen gegeneinander
- Füße mit beiden Händen fassen. Knie locker auf und ab bewegen

Pack & Relax
- In Rückenlage Beine überschlagen.
- Unteres Bein mit beiden Händen zum Körper ziehen, Knie des oberen Beins von sich weg drücken

Longline
- Ein Bein angewinkelt zum Körper ziehen
- Anderes Bein lang am Boden ausstrecken

Hammy Kick
- Ein Bein angewinkelt auf den Boden stellen, anderes Bein nach oben strecken und mit den Händen zum Körper ziehen.

Pancake
- In Grätschstellung mit geradem Rücken weit nach vorne beugen.
- Die Knie zeigen dabei nach oben.

Pullover
- In Kniestand beide Hände hinter dem Rücken greifen.
- Nach vorn beugen, Hände über den Kopf ziehen.

Triangel
- In Kniestand beide Hände hinter dem Rücken greifen.
- Nach vorn beugen, Hände über den Kopf ziehen.

Athletics @home

Workouts bringen den Körper auf Touren und lassen die Muskeln wachsen.
In Verbindung mit spannenden Challenges macht das Training viel mehr Spaß – man kann sich messen – an sich selbst oder mit anderen.
Let's gooo!

Putzen und Training in einem – ein Special aus Italien

Athletics @home

Putz Marathon – Muriel feat. Gabi Pichler, Italien

Start ist in Plank-Position, Hände/Füße stehen auf rutschigen Lappen, oder gut gleitenden Socken/Handschuhen, auf glatter Oberfläche. Aus dieser Position sind vielfältige Varianten möglich:

▸ Mit beiden Händen wird fest auf den Boden gedrückt, und kräftig vor und zurück «geschrubbt». 10x wiederholen.

▸ Das Gewicht wird auf die linke Hand verlagert, die rechte Hand macht 10 kreisende Putzbewegungen mit möglichst viel Druck auf dem Boden. Mit der anderen Seite wiederholen. Die Hüfte bleibt in Linie mit Schultern und Füßen!

Athletics @home

▸ Die Füße werden im Wechsel so weit wie möglich nach vorne und wieder zurück geschoben. 10 x wiederholen.

▸ Die gestreckten Beine werden möglichst nahe an die Hände gezogen, die Hüfte wird dabei in die Höhe gedrückt. Dann kehrt man zurück in die Ausgangsposition. 5 x wiederholen.

▸ Der Körper wird seitlich aufgedreht, sodass ein Arm in die Höhe schaut. Hier wird der Lappen 10 Sekunden ausgeschüttelt. Auf die andere Seite wiederholen (wenn möglich oberes Bein ebenfalls in der Luft halten, natürlich ohne den Lappen).

Koordination:
Beweglichkeit:
Kraft:

Es braucht
▸ 4 gut rutschende Putzlappen, eventuell Putzhandschuhe

Balance und Körperspannung ist gefragt für die Flag Challenge

Athletics @home

Flag Challenge – Beppe Regazzoni, Italien

Start ist stehend seitlich zu einer Wand mit Heizkörper, einem groben Türrahmen oder etwas anderem, an dem man sich gut festhalten kann. Nun greift die rechte Hand ca. 30 cm über dem Boden den Heizkörper, das linke Bein wird auf einem Gymnastikball platziert. Nun greift die linke Hand nach oben, sodass der Daumen nach oben weist, und Arme/Heizung ein Dreieck bilden, ohne dass der Kopf die Wand berührt. Nun wird vorsichtig das Gewicht auf das linke Bein verlagert, sodass das rechte Bein angehoben und ebenfalls auf dem Ball platziert werden kann. Nun wird der Körper zu einer geraden Linie gestreckt.

Varianten
- Erschwerung: Das linke Bein wird gestreckt angehoben.
- Vereinfachung: Statt eines Gymnastikballs einen Stuhl nehmen.

Koordination:
Beweglichkeit:
Kraft:

Es braucht
- 1 Gymnastikball oder 1 Stuhl, eine Wand mit Heizkörper o. Ä.

Athletics @home

Suitcase Packing Competition – Eeva Jakobsone, Lettland

Ein kleiner Koffer wird mit 10–20 Gegenständen gefüllt und zugeklappt. Der Turnende begibt sich in Plank-Position. Nun öffnet er mit einer Hand den Koffer, nimmt einen Gegenstand heraus, legt ihn auf den Boden und klappt den Deckel wieder zu. Dann wird der Vorgang mit der anderen Hand wiederholt, bis der Koffer leer ist.

Varianten
- Zu zweit als Partner-Form: Beide müssen die ganze Zeit in Plank-Position bleiben, der Koffer wird abwechselnd entladen (s. oben).
- Zu zweit als Wettkampf: wie oben, aber der Koffer wird so lange beladen/entladen, bis einer der beiden die Plank nicht mehr halten kann. Wer länger durchhält, gewinnt die Challenge.
- Es werden Objekte in verschiedenen Farben in den Koffer gelegt. Nun wird abwechselnd mit einem Farbwürfel gewürfelt. Man darf immer nur ein Objekt der gewürfelten Farbe aus dem Koffer nehmen. Falls es nichts mehr von dieser Farbe hat, muss man eine Liegestütze machen, und darf nichts aus dem Koffer nehmen. Wer die Plank nicht mehr halten kann, scheidet aus. Wenn der Koffer leer ist, gewinnt der, der am meisten Objekte gesammelt hat.

Koordination:
Beweglichkeit:
Kraft:

Es braucht
- 1 Koffer oder Pfanne mit Deckel
- 10–20 kleine Utensilien

Die «Krähe» nimmt das Papier auf, ohne umzukippen

Athletics @home

Picking Crow Challenge – Johanna Kress, Schweiz

Ein Blatt wird leicht geknüllt, sodass man es senkrecht hinstellen kann. Dann stellt man sich ca. ½ Meter davor auf ein Bein. Nun geht man in die Knie und beugt sich soweit vor, dass man das Papier mit den Zähnen fassen kann. Dann steht man wieder auf.

Varianten
- Vereinfachung: Das Papier auf den 1. Treppenabsatz stellen.
- Erschwerung: Das Papier flach auf den Boden legen, durch Ansaugen auflesen und so lange halten, bis man wieder steht.
- Variation: Auf gestrecktem Standbein wie bei der Black Swan Challenge (S. 23) vorbeugen und Papier aufnehmen.

Koordination:
Beweglichkeit:
Kraft:

Es braucht
- 1 Blatt Papier

Athletics @home

Black Swan Workout – Catherine Glaspey, United Kingdom

Ausgangsposition ist stehend, ein Bein wird nach hinten gestreckt. Nun wird immer zeitgleich das Bein gehoben, und der Oberkörper gesenkt, und wieder zurück. Bei Bedarf am Boden abstützen (Bild 4).

Varianten
- Vereinfachen: Einen Stuhl als Balance-Hilfe nehmen (s. Bildreihe 2).
- Erschweren: Auf einem weichen Teppich turnen.

Challenges
- Führe die Bewegung 10x hintereinander aus. Dabei berührst du jedes Mal mit der Nase die Stuhllehne, dann wieder mit der Zehe des Spielbeins den Boden, ohne umzukippen.
- Dito, das Standbein wird auf einem weichen Teppich platziert.
- Dreh den Stuhl um und berühre mit der Nase die Sitzfläche.

Koordination:
Beweglichkeit:
Kraft:

Es braucht
- 1 Stuhl

Um sich wie eine Spinne zu ducken, brauchts Beweglichkeit und Rumpfkraft

Athletics @home

Spider Challenge – Blanca Garcia, Spanien

Ausgangsposition ist der Grätschsitz, die Beine angewinkelt. Man richtet den Oberkörper gerade auf und beugt ihn so weit wie möglich nach vorne. Die Knie zeigen die ganze Zeit nach oben. Nun greift man unter den Knien durch die Knöchel und streckt die Beine, der Oberkörper kommt dabei möglichst flach auf den Boden.

- ▸ Aufbau-Level 1: Im Spider Seat (Grätschsitz mit angewinkelten Beinen) sitzen, ohne sich mit den Händen hinten abzustützen.
- ▸ Aufbau-Level 2: Im Spider Seat beide Hände vorne zwischen den Beinen aufsetzen (der Rücken bleibt gerade) (2).
- ▸ Aufbau-Level 3: Im Spider Seat von hinten die Fersen umgreifen (3).
- ▸ Endform: mit gefassten Fersen Beine strecken (4).

Koordination:
Beweglichkeit:
Kraft:

Es braucht
- ▸ Nichts!

Athletics @home

WC-Papier-Crunch – Blanca Garcia, Spanien

Start ist sitzend, eine Rolle WC-Papier zwischen die Füße geklemmt. Nun wird der Körper langsam gestreckt, die Arme sind in Hochhalte, nur der Hintern berührt den Boden. Nun zieht man sich wieder zusammen und greift die Rolle, bevor man sich wieder streckt.

Varianten
- Aus dem Hollow Back Hold (2) abwechselnd ein Bein hochziehen, Rolle untendurch übergeben, wieder absenken.
- WC-Papier mit den Füßen packen und statisch in der Luft halten.
- Eine Plank turnen (auf den Unterarmen oder auf den Händen), die Rolle steht neben dem rechten Arm. Dann die Rolle mit der rechten Hand nehmen, auf den Rücken stellen, die Hand wieder abstellen, mit der linken Hand die Rolle holen und neben den linken Arm stellen.
- Auf dem Bauch liegen, die Rolle mit gestreckten Armen über dem Kopf halten. Den Oberkörper hoch ziehen, die Rolle mit gestreckten Armen 10x von links nach rechts geben, dann den Oberkörper wieder absenken.
- In Liegestütz-Position Rolle von einer Hand zur anderen geben.

Koordination:
Beweglichkeit:
Kraft:

Es braucht
- 1 Rolle Toilettenpapier, ggf. eine dünne Matte

Wenn Kraft auf Balance trifft, gelingt die WC Quad Challenge

Athletics @home

WC Quad Challenge – Carita Juvonen, Finnland/ Beni Looser, Schweiz

Challenge 1: Eine WC-Rolle wird übersprungen und im Sprung nach hinten weggerollt, dann wird im Squat gelandet.

Challenge 2: Mit einem Fuß in der Hand senkt man ein Knie bis zum Boden und steht wieder auf, ohne den Fuß loszulassen.

Challenge 3: Wie 2, aber der Fuß muss die ganze Zeit mit beiden Händen festgehalten werden (großes Bild oben).

Koordination:
Beweglichkeit:
Kraft:

Es braucht
▶ Nichts!

Athletics @home

Babysitter Bench Press – Tobias Hecht, Deutschland

Partnerarbeit! A startet in Rückenlage mit aufgestellten Beinen. B nähert sich seitlich, beugt sich vor, legt den Oberkörper auf die entferntere Hand von A, und stellt ein Knie in dessen nähere Hand. Nun macht B einen kleinen Hüpfer und spannt den Körper an, A stemmt B wie eine Hantel in die Höhe. Nun führt A 10 Bench Presses aus (Anzahl je nach Größe des Kindes variieren), und stellt A dann vorsichtig auf demselben Weg wieder zurück auf den Boden.

- Level 1: Mit Teddybär
- Level 2: Mit Sixpack Mineralwasser
- Level 3: Mit (Klein)Kind

Folding Challenge – Yogesh Thakkur, Indien

Ausgangsposition ist der Grätschstand, unmittelbar vor einer Wand. Beide Arme sind gestreckt in Vorhalte und halten ein Buch. Dieses wird mit gestreckten Armen nach oben geführt, bis es die Wand berührt. Danach wird die Hüfte gebeugt, und das Buch mit gestreckten Armen nach unten geführt, bis es zwischen den Beinen die Wand berührt, ohne dass man nach vorne umkippt.

Koordination: 🏃🏃🏃
Beweglichkeit: 🏃🏃
Kraft: 🏃

Es braucht
- Babysitter Bench Press: 1 Kleinkind oder 1 Sixpack Mineralwasser
- Folding Challenge: 1 Buch

Das Umklettern des Tisches erfordert Kraft und Geschicklichkeit

Athletics @home

Table Climbaround – Jürg Klingelfuß, Schweiz

Für diese Challenge braucht es einen stabilen Tisch, nach Möglichkeit ohne Querverstrebungen. Start ist auf dem Tisch. Nun muss die Tischplatte einmal umrundet werden, ohne den Boden zu berühren.

Varianten
- Nur quer unter den Tisch in den Hang an allen Vieren gelangen (siehe großes Bild oben).
- Auf einem vorgegebenen Weg den Tisch umrunden (quer oder längs).
- Mit den Füßen voran klettern.

Koordination: ≋ ≋ ≋
Beweglichkeit: ≋
Kraft: ≋ ≋ ≋

Es braucht
- 1 Tisch

Für diesen Move braucht es schon fast Zauberkräfte ;-)

Athletics @home

Zwackelmann Move – Tari Rohder/ Dennis Witsiers, Niederlande

Start ist im Kauerstand, ein Besen in die Kniekehlen geklemmt. Nun versucht man, einen Fuß vom Boden zu lösen, das Bein über den Besen zu heben und hintendran abzustellen. Dasselbe wird mit dem anderen Bein wiederholt, sodass der Besen auf den Oberschenkeln zu liegen kommt. Von hier aus wird wieder ein Bein über den Besen gehoben, dieser eingeklemmt, das andere Bein nachgezogen, usw.

Koordination: ≋ ≋ ≋
Beweglichkeit: ≋ ≋ ≋
Kraft: ≋ ≋ ≋

Es braucht
▸ 1 Stock oder Besen

Nur Fliegen ist schöner! Quad-Training und Rumpfstabilität lassen einen abheben

Athletics @home

Airplane Partner Challenge – Riita & Moona Päjäärvi-Mylliaho, Finland

Level 1: B lehnt in Ganzkörperspannung auf die Füße von A, die an seiner Hüfte aufsetzen. A führt möglichst tiefe Squats aus.

Level 2: A startet in Rückenlage, fasst beide Arme von B im Unterarmgriff, und setzt beide Füße an die Hüften von B. B lehnt sich angespannt nach vorne und wird von A in Flugzeug-Position gestemmt. Nun führt A 10 Squats aus, ohne dass B herunter fällt.

Koordination:
Beweglichkeit:
Kraft:

Es braucht
▸ Nichts!

Athletics @home

Dice Push Up Challenges – Riita Päjärvi-Mylliaho

A legt sich auf den Rücken, die Arme nach oben gestreckt. B greift beide Fußgelenke von A, und legt einen Fuß nach dem anderen in die Hände von A. Es entsteht eine Doppel-Plank. Daraus entstehen verschiedene Levels:

Level 1: Beide führen synchron eine Liegestütze aus.

Level 2: Beide wechseln synchron in den Langsitz, und wieder zurück. Versierte strecken dabei noch ein Bein in die Höhe (Bild 4)

Level 3: Nun werden beide Bewegungen kombiniert:

Koordination:
Beweglichkeit:
Kraft:

Es braucht
▶ Nichts!

Küss mich, und ich werde zur Prinzessin. Wer möchte das nicht? Auf zur Frosch-Challenge!

Athletics @home

Frog Stunt – Martina Marti, Schweiz/ Gudrun Asgeirsdottir, Island

Ein Besen wird hinter dem Rücken in den Ellenbeugen gehalten. Nun geht man über die Knie vorsichtig zu Boden, klappt den Oberkörper nach vorne und lässt sich vorwärts zu Boden gleiten. Die Beine werden über die Grätsche gestreckt. Zum Aufstehen werden sie auf demselben Weg schwungvoll nach vorne gezogen, wobei die Hüfte angehoben wird. Dann rollt der Oberkörper hoch und man steht auf.

Koordination: 🐸🐸
Beweglichkeit: 🐸🐸🐸
Kraft: 🐸🐸

Es braucht
▶ 1 Besen

Island ist nicht nur bekannt für Vulkane, sondern auch für kräftige Menschen

Athletics @home

Push Up Challenge – Gudrun Asgeirsdottir, Island

Man schwingt zum Handstand mit dem Rücken zur Wand, zwischen den Armen steht ein Stapel Bücher. Nun werden die Arme gebeugt, bis der Stapel mit der Nase berührt werden kann, und stemmt sich wieder hoch. Dann wird ein Buch entfernt, und die Übung wiederholt. Der Versuch zählt nur, wenn die Arme danach wieder ganz gestreckt werden können. Wer schafft den kleinsten Stapel?

Varianten
- Man darf mehrere Bücher auf einmal entfernen. Es zählt aber immer der letzte erfolgreiche Move als Endlevel.
- Auf einem fixen Level legt ein Partner jeweils eine Schokokugel aus, die mit einem Push-Up aufgenommen und gegessen wird. Man darf nur 1 Stück pro Push-Up essen. Wer schafft am meisten?

Koordination: ≣ ≣
Beweglichkeit: ≣
Kraft: ≣ ≣ ≣

Es braucht
- 1 Stapel Bücher

Acrobatics @home

**Auf der Couch lässt sich nicht nur surfen, sondern auch coole Tricks turnen. Darüber hinaus stehen in jedem Wohnzimmer noch viele weitere spannende Möbel herum, die nur darauf warten, aktiv zum Einsatz zu kommen.
Viel Spaß!**

Lesen bildet in dieser Position nicht nur den Geist, sondern auch den Körper

Acrobatics @home

Lese-Challenge – Muriel Sutter, Schweiz

Die Hände werden am Boden platziert, dann ein Bein nach dem anderen im Rahmen. Man drückt sich mit Füßen und Rücken gegen den Rahmen. Ist eine sichere Position erreicht, werden die Hände gelöst.

Level 2: Ein Stuhl (Lehne zur Türöffnung) dient als Untersatz für den Handstand. Sobald die Pose erreicht ist, wird dieser entfernt.

Koordination:
Beweglichkeit:
Kraft:

Es braucht
▸ 1 Türrahmen

Wer Höhenflüge mag, wird diese Kletter-Challenge lieben

Acrobatics @home

Doorframe Climb – Muriel Sutter, Schweiz

Ausgangsposition ist seitwärts stehend im Türrahmen, der Rücken lehnt am Rahmen, beide Hände fassen die obere Kante. Nun wird ein Fuß nach dem anderen in den Rahmen gesetzt. Drückt man mit Füßen und Rücken gegen den Rahmen, hat man stabilen Halt. Möchte man ein Stück höher kommen, spannt man die Arme an, löst den Druck auf Füßen und Rücken, und zieht sich mit den Armen hoch. Dann blockiert man die Position wieder mit Beinen/Rücken. Oben angekommen, löst man die Hände und kreiert eine Pose.

Koordination:
Beweglichkeit:
Kraft:

Es braucht
▶ 1 Türrahmen

Erste Schritte kopfüber gelingen mit dem L-Shape. Die Wand sorgt für Stabilität

Acrobatics @home

L-Shape Invert – Muriel Sutter, Schweiz

Ausgangsposition ist der Kauerstand, eine Beinlänge von der Wand entfernt. Nun setzt man den Kopf auf den Boden und marschiert die Wand hoch, bis die Füße auf Hüfthöhe sind. Wenn man sich wohl fühlt, löst man ein Bein von der Wand und streckt es nach oben. Dann stellt man es wieder zurück, und wiederholt das ganze mit dem anderen Bein. Nur wenn man sich sicher fühlt, und genügend Sturzraum vorhanden ist, darf man versuchen, beide Beine von der Wand lösen und kopfüber zu balancieren.

Level 1: L-Shape im Kopfstand oder Yoga-Kopfstand

Level 2: L-Shape im Unterarmstand
Level 3: L-Shape im Handstand

Koordination:
Beweglichkeit:
Kraft:

Es braucht
▶ Nichts!

Diese Brücke darf nicht schwanken! Mutige füllen den Becher auf

Acrobatics @home

Bridge Challenge – Gudrun Asgeirsdottir, Island

Start ist in Rückenlage, ein Pappbecher wird auf der Höhe des Bauchnabels auf den Bauch gestellt. Nun drückt sich die Person in die Brückenposition, ohne dass der Becher kippt oder gar herunterfällt.

Varianten
- Mit einem Eierbecher und einem Ei oder einem Becher Schleim ausprobieren (Bastelanleitung siehe Seite 101).
- In Brückenposition eine Strecke gehen, ohne dass das Objekt herunterfällt.
- Als Wettkampf: Wer schafft es am schnellsten in Brückenposition quer durchs Wohnzimmer zu krabbeln? Pro Objektverlust gibt es 1 Sekunde Zeitzuschlag.

Koordination: ≡ ≡ ≡
Beweglichkeit: ≡ ≡
Kraft: ≡ ≡

Es braucht
- 1 Kartonbecher, Eierbecher o. Ä.

So kommt man morgens problemlos und sehr stylish aus dem Bett

Acrobatics @home

Bedtime Challenge – Athena Wolf, Serbien

Level 1: Into Bed Challenge: Start ist stehend vor dem Bett, beide Hände auf die Bettkante gestützt. Nun zieht man den Kopf ein und gelangt mit einem kleinen Sprung zur Rolle vorwärts ins Bett.

Level 2: Out of Bed Challenge: Ausgangsposition ist in Rückenlage auf dem Bett, der Kopf schaut über das Bett hinaus. Nun führt man eine Rolle rückwärts aus und kommt vor dem Bett zum Stand.

Koordination:
Beweglichkeit:
Kraft:

Es braucht
▸ 1 weiches Bett oder Sofa

Putzen kann sehr reizvoll sein, und trainiert die Rumpfmuskulatur sehr effektiv

Acrobatics @home

Besen-Challenge – Muriel Sutter, Schweiz

Ein Besen wird gegen die Wand gelehnt. Nun werden beide Hände neben dem Besenkopf aufgesetzt, und die Füße wie im L-Shape-Handstand (s. S. 38) gegen die Wand gestemmt. Aus dieser Position setzt man vorsichtig ein Knie nach dem anderen an die Wand. Der Körper wird in der Diagonale positioniert (also NICHT Hüfte über den Schultern!), sodass es so aussieht, als würde man in der Luft kriechen. Nun wird vorsichtig das Gewicht auf die äußere Hand verlagert und mit der inneren der Besen gepackt.

Variante
- Kreativ-Auftrag: Die Turnenden suchen sich selbstständig ein Möbelstück oder ein Haushaltsgerät, und inszenieren eine Pose.

Koordination:
Beweglichkeit:
Kraft:

Es braucht
- 1 Wand und 1 Besen

Mit zwei Stühlen und etwas Armkraft kann man prima schweben!

Acrobatics @home

Paket-Challenge – Muriel Sutter, Schweiz

Man stellt sich zwischen zwei Möbelstücke, legt die Handflächen darauf, streckt die Arme und löst die Beine vom Boden. Nun kann ein kleines Päckchen (3) oder ein Sperrgut-Paket (4) kreiert werden.

Level 2, Sonderformat: Die Arme werden auf unterschiedlicher Höhe platziert – z. B. Stuhllehne/Sitzfläche, Bücherstapel, etc.

Koordination: 🏃🏃🏃
Beweglichkeit: 🏃🏃🏃
Kraft: 🏃🏃🏃

Es braucht
▶ Stabile Möbel, z. B. Stühle

Der Stuhl ist ein inspirierendes Trainingsgerät!

Acrobatics @home

Captain Hook – Muriel Sutter, Schweiz

Ausgangsposition ist sitzend. Ein Bein wird über den Arm gelegt, und möglichst weit über die Schulter gezogen. Nun ergreift man beide Armlehnen und stemmt den Körper hoch.

Level 2: Der freie Fuß wird beim oberen eingehakt, die Arme gebeugt und der Oberkörper nach vorne geneigt, sodass das Gewicht auf dem Oberarm liegt (2). Nun können die Beine gestreckt werden (4).

Koordination:
Beweglichkeit:
Kraft:

Es braucht
▸ 1 Stuhl mit Armlehnen

Der Wall Frog ist eine attraktive Pose, die recht schnell gelernt ist

Acrobatics @home

Wall Frog – Jasmin Heimberg, Schweiz

Start ist kniend seitlich zur Wand, die Hände werden diagonal aufgesetzt. Der Po wird hochgedrückt, während der rechte Unterschenkel in den Wandansatz gedrückt wird. Das linke Bein wird angewinkelt an die Wand gelegt, die Hüfte weiter hochgedrückt, bis beide Oberschenkel, möglichst in einer Linie die Wand berühren. Dann wird der linke Arm vom Boden gelöst und in Pose gebracht.

Koordination: ≋ ≋ ≋
Beweglichkeit: ≋ ≋ ≋
Kraft: ≋ ≋

Es braucht
▸ Nichts!

Etwas schwieriger wird es, wenn beide Beine an der Wand liegen

Acrobatics @home

Wall Star – Jasmin Heimberg, Schweiz

Ausgangsposition ist der Kauerstand diagonal mit den Füßen in Richtung Wand. Der äußere Arm wird auf dem Unterarm aufgesetzt, der innere Arm stützt auf der Hand. Nun hebt man zuerst die Hüfte an, dann marschiert man der Wand entlang aufwärts, bis man schräg senkrecht an der Wand lehnt. Nun wird das innere Bein nach vorne gezogen und angewinkelt gegen die Wand gelegt, sodass der Oberschenkel parallel zum Boden platziert ist. Dann wird das Gewicht verlagert und das äußere Bein möglichst weit hinter den Körper gezogen, sodass die Oberschenkel im Idealfall eine Linie bilden. Der Oberkörper ist waagrecht.

Koordination:
Beweglichkeit:
Kraft:

Es braucht
▶ Nichts!

Balance und Körperspannung ermöglichen den Chair Fly

Acrobatics @home

Chair Fly Challenge – Instagram Anonymous

Ziel ist es, die Balance auf der Stuhllehne zu halten. Ausgangsposition ist stehend vor dem Stuhl, die Lehne seitlich gegriffen. Nun lehnt man sich über die Lehne und platziert diese an den Hüften. In der Folge greift man die Vorderseite der Sitzfläche und verlagert vorsichtig das Gewicht auf Hände und Hüften. Der Körper wird in eine horizontale Linie gebracht. Nun kann mit dem freien Arm sowie den Beinen eine schöne Pose kreiert werden.

Koordination:
Beweglichkeit:
Kraft:

Es braucht
▸ 1 Plastik-Gartenstuhl oder Yoga-Stuhl

Acrobatics @home

Sardinenrolle – Muriel Sutter, Schweiz

Es braucht einen Stuhl, bei dessen Lehne man durchgreifen kann (klassischer Plastik-Gartenstuhl oder Yoga-Stuhl). Ausgangsposition ist liegend auf dem Stuhl, die innere Hand greift durch die Lehne von hinten an die obere Kante (Ecke), die andere Hand greift die Kante überkreuz von oben. Nun wird der Körper eingerollt, wie bei einer Kerze die Hüfte hochgedrückt und über die Stuhllehne abgerollt.

Koordination:
Beweglichkeit:
Kraft:

Es braucht
- 1 Plastikstuhl mit offener Lehne oder Yogastuhl

Purzel-Knoten – Martina Marti, Schweiz

Start ist in Bauchlage, beide Beine werden angewinkelt und die Füße gekreuzt, sodass die Fußgelenke aufeinander liegen. Nun wird der Oberkörper angehoben, jede Hand fasst von aussen einen Fuß. Nach leichtem Anschaukeln, versucht man nun, sich auf den Rücken zu drehen. Achtung: sobald man über die Seitenlage kommt, müssen die Füße über den Hintern nach vorne gezogen werden.

Koordination:
Beweglichkeit:
Kraft:

Es braucht
- Nichts!

Neue Perspektiven: Die Fake Sitting Challenge

Acrobatics @home

Fake Sitting Challenge – Muriel Sutter, Schweiz

Ausgangsposition ist sitzend auf dem Stuhl. Nun verkeilt man einen Fuß im Stuhl, beugt sich nach vorne und platziert Hände und Kopf in Kopfstandposition am Boden. Nun stößt man mit dem Standbein, hebt die Hüfte über die Schultern in den Kopfstand, und zieht den mit.

Aufbau
- Einsteiger versuchen sich zuerst in einer Ecke, sodass vor und seitlich eine Wand ist. Das hilft, den Stuhl auszubalancieren.
- Fortgeschrittene probieren den Trick ohne Seitenwand.
- Wird der Trick sicher beherrscht, kann ohne Wand geturnt werden.

Koordination:
Beweglichkeit:
Kraft:

Es braucht
- 1 einfachen Stuhl mit Querverstrebung
- 1–2 Wände

Acrobatics @home

Stuhl-Salto – Remo Kummer, Schweiz

Start ist sitzend. Die Hände greifen zwischen den Beinen die vorderen Ecken der Sitzfläche. Der Oberkörper wird nach vorne gebeugt und die Hüften der Lehne entlang nach oben gedrückt. Dann werden die Knie auf der Sitzfläche abgestellt, der Kopf eingerollt und der Nacken auf der Sitzfläche platziert. Nun rollt man auf die Schultern, und zieht sich mit den Armen an der Lehne nach hinten oben zurück zum Sitz.

Aufbau
▶ Einsteiger stellen den Stuhl in eine Ecke, hinten/seitlich 10 cm von der Wand. Vor den Stuhl legt man ein großes Kissen oder eine Matratze. Wer den Trick beherrscht, baut die Hilfen vorsichtig ab.
▶ Auf einer rutschfeste Matte kippt der Stuhl weniger schnell.

Koordination:
Beweglichkeit:
Kraft:

Es braucht
▶ 1 Stuhl
▶ Bei Bedarf Wände und Polstermaterial

An die Crazy Banana muss man sich langsam herantasten

Acrobatics @home

Crazy Banana – Muriel Sutter, Schweiz

Start ist kauernd vor einem Stuhl (Lehne gegen die Wand). Die Hände greifen die vorderen Stuhlbeine, die Unterarme liegen auf den Boden. Die Füße laufen möglichst nahe zu den Ellbogen, und stoßen dann hoch in den Unterarmstand. Nun versucht man, die Füße zunächst auf die Lehnenkante, dann auf die Sitzfläche abzusenken.

Hinweis: Wird diese Übung zum ersten Mal geturnt, muss der Stuhl unbedingt gegen eine Wand gelehnt werden. Andernfalls könnte der Turnende mitsamt dem Stuhl umkippen.

Koordination: ≅ ≅
Beweglichkeit: ≅ ≅
Kraft: ≅ ≅ ≅

Es braucht
▸ 1 gewöhnlichen Stuhl mit geraden Beinen
▸ 1 Wand (Einsteiger)

Beherrscht man den Kopfstand, kann man sich an diese Variante wagen

Acrobatics @home

Ballance – Martina Marti, Schweiz

Ein Ball wird in die rechte Kniekehle geklemmt, so bewegt man sich in den Kopfstand. Nun wird der Ball vom einen Bein zum anderen übergeben, und die Position wieder aufgelöst.

Variante
▸ Vereinfachung: Mit dem Rücken gegen eine Wand üben.

Koordination: ≣ ≣ ≣
Beweglichkeit: ≣ ≣ ≣
Kraft: ≣ ≣ ≣

Es braucht
▸ **Nichts!**

Beim WC-Pike sorgt die eingeklemmte Rolle für Körperspannung

Acrobatics @home

Das hat du stärkste Meyer um!

WC-Pike – Blanca Garcia, Spanien

Start ist kniend am Boden, auf einem Teppich oder einer Yoga-Matte. Eine WC-Rolle wird zwischen die Füße geklemmt. Nun setzt man die Unterarme und den Kopf am Boden auf, und hebt die Beine in den Kopfstand und wieder zurück, ohne die Rolle zu verlieren.

Varianten
- Vereinfachung: Eine Handlänge von einer Wand entfernt, mit dem Rücken zur Wand turnen, sodass man sich notfalls abstützen kann.
- Erschwerung: Im Unterarmstand.
- Für Profis: Im Handstand.

Koordination: ≡ ≡
Beweglichkeit: ≡ ≡
Kraft: ≡ ≡ ≡

Es braucht
- 1 Rolle Toilettenpapier

Eine Challenge nicht nur für Basketball-Freaks: Reverse Jordan

Acrobatics @home

Reverse Jordan – Marc Schneider, Schweiz

Vor dem Sofa wird ein Papierkorb, hinter dem Turnenden ein Ball platziert. Nun begibt man sich in den Kopfstand, greift den Ball mit beiden Füßen, hebt ihn in die Höhe und wirft ihn in den Korb.

Varianten
- Im Unterarmstand.
- Als Wettkampf: Wer schafft mehr Treffer mit 3 Versuchen? Treffer aus dem Unterarmstand zählen doppelt.
- Mehrere Körbe als Zielscheibe: Mitte = 5 Punkte, die äußeren 1 Punkt.
- Mehrere Körbe in einer Reihe: Der letzte Korb gibt am meisten Punkte, wer zu weit wirft, hat jedoch 0 Punkte. Jeder hat 3 Würfe.

Koordination:
Beweglichkeit:
Kraft:

Es braucht
- **1 oder mehrere Körbe (je nach Variante)**
- **1 weichen Ball**

Das Sofa bietet ideale Voraussetzungen für Handstandtraining

Acrobatics @home

Couch Press – Muriel Sutter, Schweiz

Ein Sitzkissen wird vom Sofa heruntergezogen und daran angelehnt (oder gegen die Wand gelehnt). Nun werden die Hände direkt davor aufgesetzt und der Rücken gegen das Kissen gedrückt. Mit einem kleinen Sprung gelangt man in den Grätschhandstand, von dort schließt man die Beine, und zieht gleichzeitig den Rücken vom Kissen weg, sodass eine gerade Position entsteht. Optional kann man mit dem Kopf am Kissen das Gleichgewicht stabilisieren.

Varianten
- Erschwerung: Nur mit dem Kopf leicht am Kissen stützen.
- Erschwerung: Statt zu springen, den Körper mit Kraft hochziehen.

Koordination:
Beweglichkeit:
Kraft:

Es braucht
- 1 stabiles Sofa

Acrobatics @home

Hang Up Handstand Press – Muriel Sutter, Schweiz

Zwei Fahrradschläuche werden an den Enden zusammengeknotet. Nun wird einer der Knoten oben im Türrahmen eingeklemmt, danach wird die Türe fest verschlossen. Man stellt sich vor die Tür, «taucht» durch die Fahrradschlauch-Schlinge und setzt sich diese auf die Hüfte. Die Hände werden ca. eine Handlänge vor der Türe aufgesetzt. Die Beine stehen in einer kleinen Grätsche. Nun nutzt man den Zug des Bandes, um in den Grätschhandstand zu gelangen, und wieder zurück.

Tipps
- Wer den Fahrradschläuchen nicht traut, kann ein hartes Fitnessband nehmen. In diesem Falle einfach eine Schlaufe durch die Türöffnung ziehen, und rückwärtig ein Holzstück oder eine Kochkelle zum blockieren anbringen (damit die Schlaufe nicht durchrutscht).
- Weniger kräftige Turnende können eine Doppelschlaufe machen.
- Befestigung am Türrahmen beachten – es muss immer ein blockierendes Element haben (Korken, Knoten, Ast, Kochkelle, s. Bildreihe unten).

Varianten
- Vereinfachung: Im Kopfstand oder Unterarmstand.
- Erschwerung: Nicht hüpfen, sondern aus der Kraft hochziehen.

Koordination:
Beweglichkeit:
Kraft:

Es braucht
- 2 Fahrradschläuche oder 1 hartes Gummiband
- 1 Türrahmen mit abschließbarer (!!!) Türe

Einfache Dinge können in umgekehrter Form spektakulär wirken!

Acrobatics @home

Upside Down Strip – Anja Wild, Mandana Zehtabchi, Martina Marti, CH

Ziel ist es, ein Oberteil aus- und wieder anzuziehen, währenddem die Hände in Stützposition sind. Durch Variation der Körperposition kann die Aufgabe in der Schwierigkeit variiert werden:

Level 1: Die Füße werden auf einen Stuhl gestellt, die Hände sind am Boden. Je näher die Hände beim Stuhl sind, desto einfacher.

Koordination:
Beweglichkeit:
Kraft:

Acrobatics @home

Challengers Level: Im Handstand, mit kurzärmeligem T-Shirt.

Champions Level: Mit engem, langärmligem Top, im Handstand.
Hier muss man bei den Ärmeln mit den Zähnen nachhelfen.

Es braucht
▸ Ein T-Shirt oder einen Pulli
▸ Eine freie Wand
▸ Level 1: ein Stuhl

Wer kopfüber die Balance hält, kann mit den Füßen Kunststücke zeigen

Acrobatics @home

Sock Strip Challenge – Mandana Zehtabchi, Schweiz

Zunächst zieht man kurze Socken an, dann schwingt man in den Handstand gegen die Wand. Nun werden die Füße vorsichtig von der Wand gelöst, und mit den Zehen die Socken von den Füßen gezogen.

Tipps
- Zuerst nur eine Socke anziehen, die man mit dem nackten Fuß ausziehen kann. Auf beiden Seiten üben.
- Wer den Handstand gut kann, lässt die Wand weg.

Acrobatics @home

Aufbau-Level 1: Man setzt sich auf einen Stuhl, und versucht, mit beiden Füßen in der Luft, die Socken auszuziehen.

Aufbau-Level 2: Man setzt sich auf den Boden, nur der Hintern berührt den Boden, Oberkörper und Füße schweben. Nun versucht man, die Socken auszuziehen, ohne dass ein weiterer Körperteil den Boden berührt.

Aufbau-Level 2: Es wird im Kopfstand geturnt, je nach Level mit oder ohne Wand im Rücken, bei Bedarf mit einem Kissen unter dem Kopf.

Koordination:
Beweglichkeit:
Kraft:

Es braucht
▶ 1 Paar Socken

Der Snack-Trick ist eine kreative Inszenierungsaufgabe

Acrobatics @home

Snack-Trick – Muriel Sutter, Schweiz

Eine geöffnete Tüte Popcorn wird an die Wand gelehnt, dann schwingt man in den Handstand, sodass die Tüte zwischen den Armen steht. Die Beine werden gegrätscht, das Gewicht auf den rechten Arm verlagert, die linke Hand vom Boden gelöst, sodass man ein Popcorn aus der Tüte nehmen und essen kann. Dann wird dasselbe auf der anderen Seite wiederholt. Und so weiter, bis die Tüte leer ist ;-).

Varianten
- Die Tüte geschlossen hinstellen, und erst im Handstand öffnen.
- Die Challenge mit einer Mandarine ausprobieren, inkl. öffnen.
- Es wird eine freie Aufgabe gestellt – jeder darf seinen eigenen Znüni-Trick mit einem Nahrungsmittel seiner Wahl inszenieren.

Koordination: ≣ ≣
Beweglichkeit: ≣ ≣
Kraft: ≣ ≣ ≣

Es braucht
- 1 Tüte Chips, Popcorn o. Ä.

Acrobatics @home

Handstand Toiletpaper Stacking – T. Rohder/D. Witsiers, Niederlande

Im Handstand mit dem Bauch gegen die Wand, werden möglichst viele WC-Papier-Rollen aufeinander gestapelt. Hierzu muss das Körpergewicht auf einen Arm verlagert werden. Wer schafft den höchsten Turm? (Die Resultate beider Hände werden addiert).

Varianten
- Vereinfachen: In Plank- oder Liegestützposition.
- Einen festgelegten Stapel links ab- und rechts wieder aufbauen.

Koordination: ≡ ≡
Beweglichkeit: ≡
Kraft: ≡ ≡ ≡

Es braucht
- 5–6 Rollen Toilettenpapier

Fish Roll – Nicole Alyssa Suter, Schweiz

Aus dem Langsitz rollt man rückwärts, setzt beide Hände neben den Schultern auf und legt den Kopf auf die rechte Seite, um über die linke Schulter zu rollen. Endposition ist in Bauchlage.

Koordination: ≡ ≡ ≡
Beweglichkeit: ≡
Kraft: ≡ ≡ ≡

Es braucht
- 1 dünne Matte

Schwebebalken finden sich überall. Zu Hause wird er mit Klebeband am Boden markiert

Acrobatics @home

Sticky Beam Challenge – Hao Chin Chin, Aboriginal Taiwan

Es wird mit Klebeband (Paketband, oder, bei empfindlichen Böden, Vinyl Tape), in gerader Linie auf den Boden geklebt, je nach Tape-Breite doppelt, sodass eine Linie von 8–10 cm Breite entsteht. Darauf kann man verschiedene Kunststücke üben:

- ▸ Vorwärts und rückwärts über den Balken balancieren.
- ▸ Vier Kartonbecher auf dem Balken platzieren, die man vorwärts und rückwärts übersteigen kann.
- ▸ Einen Löffel mit einem Ei im Mund vorwärts und rückwärts über den Balken transportieren.
- ▸ Beim Balancieren ein Buch auf dem Kopf tragen.
- ▸ Eine halbe Drehung auf zwei, dann auf einem Bein ausprobieren.
- ▸ Einen Sprung ausführen (Strecksprung, Hocke, Grätsche, Drehung, Pferdsprung, etc.) und mit beiden Beinen auf dem Band landen.
- ▸ Eine Standwaage oder einen Donut turnen.
- ▸ Ein Rad schlagen und alle Körperteile auf dem Balken aufsetzen.
- ▸ Sich auf dem Balken hinsetzen und wieder aufstehen.
- ▸ Einen Pistol Squat ausführen.

Koordination: ≡ ≡
Beweglichkeit: ≡
Kraft: ≡ ≡ ≡

Es braucht
- ▸ 1 Rolle Vinyl Tape/Paketband, mehrere Becher, 1 Löffel, 1 Ei, 1 Buch

Acrobatics @home

Power X Sitover – Marc Baert, Belgien

Hier ist Teamwork gefragt! Die attraktiven, dynamischen Figuren des Belgischen Spitzen-Showtänzers sind nicht ganz einfach, aber äußerst attraktiv! So geht's, Step by Step:

Aufbau-Level: X-Factor aus «Burner Acrobatics»

A und B stehen Rücken an Rücken, und haken die Arme ein. A geht in die Knie, sodass seine Hüfte unterhalb der Hüfte von B ist. Dann spannen beide die Arme an, B winkelt die Beine an und wird von A hochgestemmt. Nun wird die Balance gehalten und eine Pose kreiert.

Endform: The Power X Sitover

A und B stellen sich nebeneinander auf, Blick in entgegengesetzte Richtung. A hakt sich mit dem linken Arm im rechten Arm von B unter. B geht in eine tiefe Hocke. Beide spannen den Körper gut an, dann springt A leicht vom Boden ab und rollt über den Rücken von B. Wenn B ganz oben ist, werden die untergehakten Arme gelöst, um sogleich die anderen Arme einzuhaken, um den Abgang abzubremsen.

Koordination: 🔥 🔥
Beweglichkeit: 🔥 🔥
Kraft: 🔥 🔥 🔥

Es braucht
▸ Nichts!

Herumzu hängen ist immer cool. Hier gibts neue Ideen dazu!

Acrobatics @home

Hangaround Striptease – Viviana Zito, Italien

Ausgangsposition ist hängend an einer Stange, einem Türrahmen oder einem Ast. In dieser Position kann man sich an- und ausziehen.

▸ Level 1: T-Shirt aus- und wieder anziehen. Tipp: Mit einem weiten, kurzärmeligen T-Shirt ist der Trick am einfachsten.

Acrobatics @home

▸ Level 2: Nun werden die Shorts an- und wieder ausgezogen. Auch hier: Baggy ist Trumpf! Profis versuchen sich an langen Leggings ;-)

▸ Level 3: Es wird ein Outfit mit mehreren Kleidungsstücken definiert, die an- und ausgezogen werden müssen (Mütze, Schal, Jacke, Shirt, Socken …). Für jeden Arbeitsschritt gibt es einen Punkt.
▸ Level 4: Als Wettkampf: Wer schafft es, am meisten T-Shirts übereinander an- und wieder auszuziehen?

Koordination:
Beweglichkeit:
Kraft:

Es braucht
▸ 1 stabile Querstange (z. B. Tür-Reck)
▸ Kleidungsstücke nach Wahl und Saison

Äquilibristik @home

**Hier ist Fingerspitzengefühl gefragt. Aber nicht nur in den Fingerspitzen selbst, sondern im ganzen Körper.
Diese Koordinations-Challenges wecken den Artisten in jedem «Couch-Potato»!**

Die Süßigkeit soll ohne vorherigen Bodenkontakt in den Mund gelangen

Äquilibristik @home

Keks-Challenge – Jürg Klingelfuß, Schweiz

Ein Keks wird auf der Stirn platziert und durch vorsichtiges Bewegen des Kopfes in Richtung des Mundes bewegt, sodass man ihn essen kann. Der Keks darf dabei nicht mit den Händen berührt werden.

Varianten
▸ Mit anderen Objekten ausprobieren. Je runder, desto schwieriger!
▸ Sich gegenseitig mit besonders schwierigen Objekten herausfordern.

Koordination:
Beweglichkeit:
Kraft:

Es braucht
▸ 1 Packung Kekse (oder andere kleine Esswaren)

Äquilibristik @home

Bottle Walk – Martina Marti, Schweiz

Vor die Füße wird ein Nudelholz oder ein Foamroller gelegt.
Nun setzt man vorsichtig einen Fuß nach dem anderen auf das Gerät und versucht darauf zu gehen, indem man es rückwärts rollt.
Tipps: Zuerst der Wand entlang üben, oder mit einem Partner.

Indoorskating Challenge

Quer auf ein Nudelholz wird ein Holzbrett platziert. Nun wird ein Fuß nach dem anderen auf das Brett gestellt, indem man zuerst dort auftritt, wo das Brett am Boden liegt, den Fuß vorsichtig ans andere Ende setzt, und dann langsam das Gewicht verlagert. Let's surf!

Varianten
- Vereinfachung: Vor einer Wand, an der man sich stützen kann.
- Erschwerung: Mit geschlossenen Augen.
- Erschwerung: mit den Händen einen Ball hin- und herwerfen.

Koordination:
Beweglichkeit:
Kraft:

Es braucht
- 1 Nudelholz oder Foamroller, 1 Holzabrett, ggf. 1 dünne Matte

Attraktive Moves mit der WC-Rolle bieten Spielfreude

Äquilibristik @home

WC-Äquilibristik – Martina Marti, Schweiz

Ausgangsposition ist stehend, mit einer Rolle Toilettenpapier in der stärkeren Hand. Probiere nun die folgenden Tricks aus. Sobald du einen geschafft hast, folgt dieselbe Übung mit der schwächeren Hand. Geübtere Personen können auch mit anderen Materialien experimentieren – z. B. Kartoffeln, Zitronen, Tomaten, Eier ;-)

▸ Rolle hochwerfen, einmal um sich selber drehen, wieder fangen.

▸ Rolle unter dem Bein durch werfen, wieder fangen.

Äquilibristik @home

▸ Rolle hinter dem Rücken hochwerfen und vorne wieder fangen.

▸ Rolle mit der rechten Hand seitlich vom Körper, leicht nach hinten werfen, in eine tiefe Hocke gehen, mit der linken Hand unter dem rechten Bein durchgreifen, Rolle auf der anderen Seite fangen.

▸ Den Körper strecken, die Rolle in der rechten Hand seitlich halten. Mit der linken Hand möglichst weit hinter dem Rücken durch greifen. Die Rolle fallen lassen und mit der linken Hand auffangen.

Koordination: ▟ ▟ ▟
Beweglichkeit: ▟ ▟ ▟
Kraft: ▟

Es braucht
▸ 1 Rolle WC-Papier oder andere geeignete Wurfobjekte

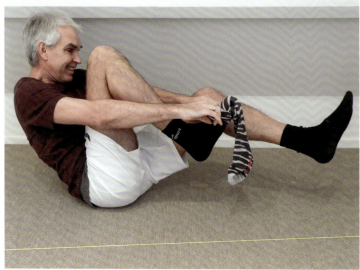

Socken anziehen kann trainingswirksam sein!

Äquilibristik @home

Sock Stacking Challenge – Dennis Witsiers, Niederlande

Start ist auf einem Bein vor einem Haufen Socken. Man hebt eine Socke nach der andern auf und zieht sie an. Dabei darf kein Körperteil mit Ausnahme des Standfußes den Boden berühren. Wie viele Socken können auf diese Art angezogen werden?

Varianten
- Im Langsitz, nur der Hintern berührt den Boden, Beine und Oberkörper sind in der Luft (großes Bild oben).
- Als Gruppenwettkampf im Kreis, mit einem großen Haufen Socken. Jeder arbeitet in seinem Tempo, bis keine Socken mehr da sind. Wer ergattert am meisten? Achtung: wer sich abstützen oder das Spielbein absetzen muss, scheidet aus.

Koordination:
Beweglichkeit:
Kraft:

Es braucht
- Viele Socken

Äquilibristik @home

Penfriends Challenge – Gudrun Asgeirsdottir, Island

Drei Stifte werden auf den Handrücken gelegt. Mit einer Bewegung werden diese hochgeschleudert, und alle miteinander aufgefangen.

Coin Drop Challenge – Dani Haussener, Schweiz

Auf dem Handrücken sind drei Münzen in einer Linie platziert. Diese werden in einer Bewegung nach oben geschleudert, und dann eine nach der anderen aus der Luft aufgefangen, bevor sie zu Boden fallen.

Card Partner Challenge – Gudrun Asgeirsdottir, Island

A hält eine Spielkarte in die Höhe, B hält die flachen Hände körperbreit. A lässt die Karte fallen, B versucht, die Hände so zusammen zu klatschen, dass die Karte aufgefangen werden kann.

Koordination: ||| |||
Beweglichkeit: ||| |
Kraft: |

Es braucht
▸ Je nach Variante Münzen, Stifte oder Spielkarte

Ruhe und Konzentration braucht es, um die Sterne zu erforschen

Äquilibristik @home

Sterngucker – Beni Looser, Schweiz/Dennis Witsiers, Niederlande

Eine WC-Rolle wird auf der Stirn platziert. Nun versucht man, sich hinzulegen und wieder aufzustehen, ohne dass die Rolle herunterfällt. Die Rolle darf dabei nicht gestützt oder festgehalten werden.

Varianten
- Wer schafft die Challenge mit den meisten Rollen?
- Mit Poker-Faktor: Es muss eine markierte Strecke mit den Rollen marschiert werden (vorwärts oder rückwärts). Die Strecke gibt so viele Punkte wie Rollen auf dem Kopf. Verliert man eine oder mehrere Rollen unterwegs, gibt es keine Punkte für den Versuch.

Koordination:
Beweglichkeit:
Kraft:

Es braucht
- 2–3 Rollen WC-Papier

Äquilibristik @home

Der goldene Löffel – Aline Schneuwly, Schweiz

Der Stiel eines mit Makkaroni gefüllten Löffels wird im Mund gehalten, während man aus der Rückenlage aufsteht und sich wieder hinlegt.

Varianten
- Der Löffel wird in der Hand gehalten (beide Hände trainieren!).
- Aus dem Stand geht man via Pistol Squat in den Fersensitz – setzt sich von dort aus hin, legt sich ab und steht wieder auf.

Koordination:
Beweglichkeit:
Kraft:

Es braucht
- 1 Suppenlöffel, 2–3 Makkaroni

Auch bei der WC-Rolle ist ein kühler Kopf gefragt

Äquilibristik @home

WC-Rolle – Martina Marti, Schweiz

Sitzend wird eine WC-Rolle wird zwischen die Knie geklemmt. Es folgt eine langsame Rolle rückwärts mit der Rolle zwischen den Knien. Dann wird die Rolle auf der Stirn abgestellt, man rollt wieder zurück und steht auf, indem man die Rolle auf der Stirn balanciert.

Koordination: 𝄞𝄞𝄞
Beweglichkeit: 𝄞𝄞
Kraft: 𝄞

Es braucht
▸ 1 Rolle WC-Papier

Äquilibristik @home

Cup Choreo – Sarah Mensch, Schweiz

Ein mit etwas Wasser gefüllter Becher wird auf der Stirn platziert. Dann setzt man sich zunächst auf den Boden. Danach turnt man eine Rolle rückwärts, wobei man den Becher mit den Knien packt, damit weiter rollt und ihn hinter dem Kopf abstellt. Dann rollt man weiter bis zum Fersensitz auf den Unterschenkeln, saugt den Becher mit den Lippen an und hebt ihn hoch. Ist dies geschafft, darf man den Becher in die Hand nehmen und austrinken.

Varianten
▸ Die Teilnehmenden gestalten selbstständig eine kleine Choreografie mit einem Alltagsobjekt (Kartonbecher, WC-Rolle, Kartoffel, Kochlöffel, etc.).

Koordination:
Beweglichkeit:
Kraft:

Es braucht
▸ 1 Kartonbecher
▸ Etwas Wasser

Äquilibristik @home

Espresso Crash Challenge – Roberto Fanni, Italien

Drei Kartonbecher werden in einer Linie aufgestellt. Nun wird zunächst der folgende Rhythmus geklatscht und verinnerlicht:

Dann wird in diesem Rhythmus der nachfolgende Bewegungsablauf getanzt und dabei alle Becher zertreten:

Es braucht
▸ 3 Kartonbecher

Äquilibristik @home

Butt Spin – Richi Neuhaus, Schweiz

Ausgangsposition ist der Grätschsitz. Nun wird mit den Händen auf einer Seite Schwung geholt, und dann kräftig auf die andere Seite beschleunigt. Dann werden die Knie sofort zum Körper gezogen und mit den Händen festgehalten. Der Körper dreht sich wie ein Kreisel auf dem Hintern. Es gilt – je schneller der Körper «klein» gemacht werden kann, desto mehr wird die Drehung beschleunigt.

Butt Walk – Richi Neuhaus, Schweiz

Ausgangsposition ist der Grätschsitz. Eine Hand nach der anderen wird unter dem Hinterteil platziert (hierfür Gewicht hin und her verlagern). Sobald man safe auf den Händen sitzt, werden die Beine durch Zurücklehnen und Anspannen der Bauchmuskeln angehoben. Sobald das Gleichgewicht gefunden ist, schaukelt man mit dem Körper hin und her, und marschiert mit den Händen im Kreis herum.

Koordination:
Beweglichkeit:
Kraft:

Es braucht
▶ Nichts!

Eine ruhige Hand und aktive Rumpf-muskeln halten das Buch in der Balance

Äquilibristik @home

Freiheitsstatue Challenge – Liena Ozolina, Lettland

Start ist auf dem Bauch, die nach oben gedrehte rechte Hand balanciert ein Buch. Der Oberkörper wird angehoben, der rechte Arm dreht via Körpermitte nach außen, bis der Arm nach hinten zeigt. Nun dreht der Körper um die Längsachse, die Hand mit dem Buch über oben nach vorn. Die linke Hand stützt zum Aufsitzen neben der Hüfte.

Koordination: ¹⁄₁ ¹⁄₁ ¹⁄₁
Beweglichkeit: ¹⁄₁ ¹⁄₁
Kraft: ¹⁄₁ ¹⁄₁

Es braucht
▶ 1 Buch

Äquilibristik @home

Stick Tricks – Olegas Batutis, Litauen

Stick Turn Challenge: Ein Stock wird auf den Handflächen gehalten, die Daumen weisen nach außen. Nun wird gleichzeitig der Stock nach rechts geschoben, die linke Hand dreht sich um den Stock herum aus, bis der Stock wieder in der Handfläche liegt, und ebenso zurück.

Stick Around the World: Der Stock wird mit Daumen und Zeigefinger senkrecht gehalten. Nun wird mit der anderen Hand der Stock zwischen Daumen und Zeigefinger gefasst. Die erste Hand lässt los. Der Unterarm wird nach außen gedreht, der Stock langsam um den ganzen Körper herum geführt und am Schluss mit einer Unterarmdrehung nach außen wieder in die Ausgangsposition gebracht.

Stick Contortion Challenge: Der Stock wird beidhändig an den Enden vor dem Körper gehalten, die Handrücken nach vorne, die Daumen zur Mitte. Nun wird der Stock mit gestreckten Armen nach oben, dann hinter dem Rücken nach unten bewegt, und wieder zurück.

Koordination: ̷̷ ̷̷ ̷̷
Beweglichkeit: ̷̷ ̷̷ ̷̷
Kraft: ̷̷

Es braucht
▸ 1 Besen oder Stock

Das Gegenteil von Fingerfertigkeit ist ...? Fußfertigkeit!

Äquilibristik @home

Footlocker – Liena Ozolina, Lettland

Start ist in Rückenlage, ein Bein nach oben gestreckt, auf die Fußsohle wird ein Buch platziert. Nun dreht man sich vorsichtig zunächst auf die Seite, dann auf den Bauch, wobei das Knie angewinkelt wird. Nun werden die Hände neben den Schultern aufgestützt, Man drückt sich zunächst in den einbeinigen Kniestand, dann auf den Fuß, von wo aus man sich vorsichtig aufrichtet. Das Knie bleibt angewinkelt.

Varianten
▸ Mit einem Turnschuh üben (Vorbereitung für die Challenge S. 83).

Koordination:
Beweglichkeit:
Kraft:

Es braucht
▸ 1 Buch

Beherrscht man den Footlocker, kann man sich an die Sneaker Challenge wagen

Äquilibristik @home

Sneaker Challenge – Sarah Mensch, Schweiz

Start ist in Rückenlage, die Beine nach oben gestreckt. Auf jeden Fuß wird ein Schuh platziert. Ziel ist es, sich in Bauchlage und wieder zurück zu drehen, ohne dass einer der Schuhe zu Boden fällt.

Koordination:
Beweglichkeit:
Kraft:

Es braucht
▸ 1 Paar Sneakers oder andere flache Schuhe

Fun Challenges @home

Einfach mal wieder ausgelassen lachen, Neues ausprobieren, zusammen etwas konstruieren, backen oder bauen – alles super easy und schnell gemacht – Spielfreude pur!

Fechten ist attraktiv. Hier gibts Inspiration fürs Heimtraining

Fun Challenges @home

Free Fencing Challenge – Manfred Beckmann, Deutschland

Auf einem Tisch wird eine Rolle Küchenpapier und darauf eine WC-Rolle so platziert, dass die Öffnung der Person zugewandt ist.

▸ Man begibt sich mit einem Schirm in die Grundstellung (1).
▸ Zunächst folgt der Fechtergruß (2–4).

▸ Dann begibt man sich in Fechtstellung (5).
▸ Nun sticht man mit einem Ausfallschritt (6–7) in die Öffnung der Rolle und bewegt sich zurück in die Fechtstellung (8).
▸ Mit einem weiteren Ausfall wird die Rolle zurückgelegt und wieder die Fechtstellung eingenommen.

Fun Challenges @home

Variante 2: Mit Kochlöffel
- Man begibt sich mit einem Kochlöffel in die Fechtstellung (9).
- Zunächst wirft man den Kochlöffel hoch und fängt ihn umgekehrt wieder auf. Dann sticht man mit einem dynamischen Ausfallschritt (10–12) in die Öffnung der WC-Rolle und bewegt sich mit der Rolle zurück in die Fechtstellung (13).
- Mit einem weiteren Ausfall wird die WC-Rolle wieder zurückgelegt und man kehrt wieder in die Fechtstellung ohne WC-Rolle zurück.

Variante 3: Mit Schirm, Löffel und Tennisball.
- In der freien Hand wird ein Löffel mit einem Tischtennisball darauf gehalten.
- Dieser wird zunächst in die Höhe geworfen und nach einmaligem Aufspringen auf dem Boden mit dem Löffel gefangen.
- Dann erfolgt der Ausfallschritt mit dem Ball auf dem Löffel, ohne dass dieser herunterfällt (14–17).

Koordination:
Beweglichkeit:
Kraft:

Es braucht
- Variante 1: 1 Regenschirm, 1 WC-Rolle, 1 Küchenrolle
- Variante 2: 1 Kochlöffel, 1 WC-Rolle, 1 Küchenrolle
- Variante 3: Wie V1 + 1 Tischtennisball, 1 Esslöffel

Dieses Skirennen kann bei jedem Wetter durchgeführt werden

Fun Challenges @home

Lauberhorn Challenge – Christoph Merki, Schweiz

Ein Rucksack wird mit 4–5 gefüllten PET-Flaschen beladen und angezogen. Nun wird am Fernsehen ein Skirennen abgespielt. Immer während ein Fahrer unterwegs ist, begibt man sich vor dem Fernseher in die Hocke, bleibt da, bis der Fahrer im Ziel ist, und versucht, die Bewegungen des Fahrers nachzuahmen. Dies wird mindestens für die ersten 10 Startenden wiederholt.

Varianten
- Mit Zusatzgewicht: In einem Rucksack wird während des Rennens ein Sixpack Mineralwasser befördert (ohne Kohlensäure!).
- Das Rennen wird auf der Homesurf-Plate gefahren (s. Seite 69).
- Style Challenge: Jeder dreht ein Video von «seinem» Skirennen, oder macht ein Foto. Der beste Style gewinnt.

Fun Challenges @home

- Biathlon: Auf der Kante des Fernsehers werden fünf leere Kartonbecher platziert (falls man einen Flatscreen hat, kann man die Becher auch auf eine Kommode oder einen Beistelltisch stellen). Oben in den Rucksack werden fünf Sockenknäuel oder zusammengeknüllte Zeitungsseiten gelegt. Jedes Mal, wenn ein Fahrer im Ziel ist, darf man sofort aufstehen, die Bälle aus dem Rucksack nehmen, und versuchen, möglichst viele Becher herunterzuschießen. Pro Fehlwurf muss ein Burpee gemacht werden.
- Als Wettkampf: 2–3 Spielende agieren gegeneinander. A fährt und wirft, B stellt wieder auf/sammelt Bälle ein, C kontrolliert die Strafaufgabe und notiert Failpunkte. Dann wird rotiert. Wenn jeder 5x an der Reihe war, wird abgerechnet. Wer aus der Hocke aufstehen muss während eines Rennlaufs, erhält 5 Failpunkte.

Koordinatiion: ／／／
Beweglichkeit: ／／／
Kraft: ／／

Es braucht
- 1 Fernseher oder Computer, Style-Ausrüstung nach Belieben
- Variante mit Zusatzgewicht: 1 Rucksack und ein Sixpack Mineral
- Variante Homesurf: Ein Nudelholz und ein Holzbrett
- Variante Biathlon: 5 Socken- oder Papierknäuel, 5 Kartonbecher

Ein Fahrrad lässt sich sehr vielfältig einsetzen!

Fun Challenges @home

Velo Challenges – Monika Andres, Schweiz

Ausgangsposition ist auf dem Rücken, das Fahrrad auf den Pedalen. Nun wird ganz normal Fahrrad gefahren – einfach verkehrt herum.

Variante
▶ Man versucht, während der Fahrt seitlich so weit wie möglich zu kippen, ohne dass das Fahrrad den Boden berührt.

Outdoor Challenges

Ein Holzscheit wird quer zur Fahrtrichtung platziert. Beim Überqueren hebt man zuerst das Vorderrad, dann das Hinterrad darüber.

Während der Fahrt hebt man ein Kaubonbon vom Boden auf, packt es in freihändiger Fahrt aus und isst es.

Fun Challenges @home

Man fährt um einen hohen Barstuhl oder einen Baum herum, und hält diesen die ganze Zeit mit einer Hand fest.

Man hebt im Vorbeifahren einen Ball von einem erhöhten Punkt auf, und legt ihn 10 m weiter in einen Eimer.

Es werden vier kleine Hütchen aufgestellt. Der Fahrradfahrer fährt in die Mitte des Quadrats, bremst, zieht das Hinterrad hoch und versucht, die Hütchen mit dem Hinterrad zu zerdrücken.

Man stoppt, springt über den Lenker, führt am Boden sofort eine ½-Drehung aus und packt den Lenker, damit das Fahrrad nicht umfällt.

Koordination:
Beweglichkeit:
Kraft:

Es braucht
▶ 1 Fahrrad, je nach Challenge 1 Kaubonbon, 1 Stuhl, Hütchen, 1 Ball

Die Dry Swimming Challenge fördert die Körperspannung

Fun Challenges @home

Dry Swimming Challenge – Giuseppe Regazzoni, Italien

Die Beine stehen angewinkelt am Boden, der Rücken liegt auf dem Ball. Die Hüfte wird nach oben gedrückt (Bild oben).

Alle Stile auf dem Bauch (Brust, Delphin, Freistil): Die Füße werden gegen den Boden gedrückt, der Körper auf dem Ball aufgestützt:

«Startsprung»: Aus der Hocke mit angewinkelten Armen lässt man sich auf den Ball gleiten, sodass man im Gleichgewicht liegen bleibt.

Koordination:
Beweglichkeit:
Kraft:

Es braucht
▸ 1 Sitzball/Gymnastikball

Vor dem Indoor-Fußball am besten Vasen und Geschirr wegräumen

Fun Challenges @home

Tunello Challenge – Dennis & Luca Witsiers, Niederlande

Zwei Personen stehen sich gegenüber. A hat einen weichen Ball am Fuß, B springt regelmäßig im Hampelmann (Beine im Wechsel grätschen und schließen). A versucht, den Ball im richtigen Zeitpunkt so zu schießen, dass er zwischen die Beine von B trifft, während dieser gerade in der Grätsche ist. Es ist B nicht erlaubt, den Rhythmus zu variieren. Dann kommt B an die Reihe mit schießen, A springt im Hampelmann. Dies wird wiederholt. Wer zuerst 3 Treffer hat, gewinnt.

Koordination:
Beweglichkeit:
Kraft:

Es braucht
▸ 1 weichen Ball

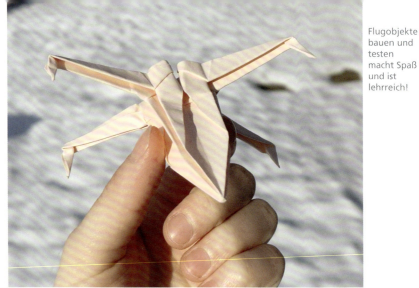

Flugobjekte bauen und testen macht Spaß und ist lehrreich!

Fun Challenges @home

Airplane Challenge – Andrin Vogel, Schweiz

Jeder faltet ein Flugzeug (mit oder ohne vorgegebene Anleitung), und wirft dieses von der Türschwelle aus in den Garten/auf die Straße. Wer am weitesten kommt, gewinnt! Video-Anleitungen für einfache wie auch komplexere Flugzeugtypen wie den X-Wing (großes Bild oben) finden sich massenhaft auf Youtube.

Varianten
- Best of 5 Würfe, jeder darf ein eigenes Flugzeug konstruieren.
- Im Türrahmen wird mit Schnüren oder Klebeband eine quadratische Zielscheibe mit vier oder neun Feldern montiert. Jeder hat 3 Würfe – Treffer ins Zentrum ergeben 3, in den Außenflächen 1 Punkt.
- Dito, alle müssen dieselbe Faltanleitung benutzen.
- Als Partnerarbeit: A ist Techniker, B ist Pilot. Zuerst hat A 2 Minuten Zeit, das Flugzeug zu konstruieren, danach darf B 1 Minute lang testen. Dann kommt der Wettkampf. Prämiert wird nach A-Wertung (max. 3 Punkte für die Optik des Flugzeugs) und B-Wertung (wie weit es kommt), zu gleichen Teilen. Welches Team gewinnt? Danach erfolgt ein Rollentausch für die nächste Runde.
- Wer baut das schönste Flugzeug in 5 Minuten?

Koordination:
Beweglichkeit:
Kraft:

Es braucht
- Leichtes Papier

Fun Challenges @home

Fun Rubber Shooting – Muriel Sutter, Schweiz

Ein Papierkorb wird auf Augenhöhe so angebracht, dass die Öffnung nach vorne weist (z. B. in einem Regal). Nun werden Paketgummis aus 10 Fußlängen Entfernung mit beliebiger Technik so geschleudert, dass möglichst viele davon im Papierkorb landen.

Varianten
- Als Wettkampf: Wer erzielt mehr Treffer von 3 Schüssen?
- Speed Shooting: Jeder hat einen Korb voller Gummis einer bestimmten Farbe vor sich. Nun gilt es, innerhalb einer Minute möglichst viele Gummis in den Kübel zu befördern. Wer mehr schafft, gewinnt. Fehlschüsse zählen nicht.
- Last Man Standing: Es wird reihum geschossen. Wer verfehlt, scheidet aus. Wer zuletzt übrig bleibt, gewinnt!
- Jeder schießt 10x. Für jeden Fehlschuss gibts 10 Seilsprünge.

Koordination:
Beweglichkeit:
Kraft:

Es braucht
- 1 Papierkorb, 1 Pack Paketgummis

Kochlöffel Donut Hockey – Muriel Sutter, Schweiz

Zwei Spielende sitzen sich an einem Tisch gegenüber, jeder hält einen Kochlöffel umgekehrt in der Hand. Spielgerät ist ein Willisauer Ringli (oder ein ähnliches, hartes, ringförmiges Gebäck). Zunächst wird geknobelt, wer anfangen darf. Dann wird abwechselnd aus dem Sitzen geschossen, indem man den Löffelstiel in das Ringli steckt, und dieses damit schleudert. Jeder Treffer über die gegnerische Tischkante ergibt 1 Punkt. Dann erhält der Gegner Ringbesitz.
Wer hat zuerst 5 Punkte?

Varianten
- 2 gegen 2 – eventuell seitlich Bauklötze als Banden platzieren.
- Alleine, als Schussübung – z. B. zwischen 2 Gewürzstreuer treffen.

Koordination:
Beweglichkeit:
Kraft:

Es braucht
- 2 Kochlöffel, ein Willisauer Ringli

Wer eine Schokokugel ergattern will, muss schnell sein!

Fun Challenges @home

Schokokugel-Challenge – Andrin Vogel, Schweiz

Start ist auf der einen Seite des Tisches, mit einer Schokokugel. Diese wird vorsichtig über den Tisch gerollt. Währenddessen rennt der Spielende um den Tisch herum, wirft sich zu Boden und versucht, die Schokokugel, die von der Tischkante fällt, mit dem Mund aufzufangen.

Als Gruppenwettkampf
▸ Wer einen Versuch verfehlt (Wurf zu kurz oder Mund verfehlt), scheidet aus. Wer bleibt zuletzt übrig?
▸ Mit farbigen Kugeln: Die Farben werden blind gezogen.
Blau = 1 Punkt, Grün = 2 Punkte, braun = 3 Punkte, Gelb = 4 Punkte, Rot = 5 Punkte. Jeder darf 10x ziehen und spielen. Hardcore-Spieler ziehen bei jedem Fehlversuch die entsprechende Punktzahl ab.

Koordination:
Beweglichkeit:
Kraft:

Es braucht
▸ 1 Tisch, 1 Tüte Schokokugeln

Fun Challenges @home

Blow Stacking – Andrin Vogel, Schweiz

Es werden 5 Becher in einer Reihe auf den Tisch gestellt, der Spielende erhält einen Wasserballon. Auf Signal muss er den Ballon in den ersten Becher halten, aufblasen, sodass er ihn aufheben kann, und ihn in den nächsten Becher stellen. Dies wird mit den weiteren Bechern wiederholt, bis alle Becher gestapelt sind. Dann wird die Zeit gestoppt. Wer schafft es, die 5 Becher am schnellsten zu stapeln?

Varianten
▸ Die Becher müssen über eine bestimmte Strecke getragen werden (z. B. die Treppe hoch, durch eine Tür, etc.), bevor sie gestapelt werden. Fällt ein Becher unterwegs zu Boden, darf er nur mit dem Ballon wieder aufgehoben werden. Die Hände dürfen nie den Becher berühren.
▸ Es werden gleich viele Strecken wie Spielende mit Klebepunkten markiert. Zu Beginn steht je ein Becher auf dem ersten Punkt. Nun wird abwechselnd gewürfelt, dann hat ein Spieler maximal 10 Sekunden Zeit, um seinen Zug auszuführen. Ist die Augenzahl erfüllt oder die Zeit abgelaufen, kommt B an die Reihe, und so weiter. Wer seinen Becher schneller auf dem letzten Punkt hat, gewinnt.

Koordination:
Beweglichkeit:
Kraft:

Es braucht
▸ Wasserbomben (kleine Ballons)
▸ 1 Pack Kartonbecher

Ballhandling im Miniformat: Ping Pong Bounce Challenge

Fun Challenges @home

Ping Pong Bounce Challenge – Andrin Vogel, Jürg Klingelfuß, CH

Der Spielende steht mit einem Tischtennisball in der Hand vor einer harten Tischplatte (oder einer anderen harten, geraden Fläche).
Nun darf er den Tischtennisball beliebig hart auf den Tisch schmettern, sodass er ins Hüpfen kommt. Während der Ball hüpft, versucht der Spielende, die flache Hand möglichst oft unter dem Ball durchzuziehen. Wenn der Ball nicht mehr hüpft, oder zu Boden fällt, ist der Versuch beendet.

Varianten
▶ Als Wettkampf – wer schafft am meisten Slides in einem Versuch?
▶ Mit verschiedenen Bällen.

Koordination:
Beweglichkeit:
Kraft:

Es braucht
▶ 1 Tisch
▶ 1 Ping-Pong-Ball

Ice Cube Slide – Andrin Vogel, Schweiz

Hierzu braucht es eine wasserfeste Unterlage – am besten einen Stein- oder Stahltisch. Holztische werden mit einer Plastikplane abgedeckt. Es werden am Ende des Tisches 3 Zonen markiert (s. Foto) – die erste gibt 1, die zweite 2, die dritte 3 Punkte. Ein Kübel mit Eiswürfeln wird am anderen Ende des Tisches aufgestellt. Nun versuchen die Spielenden der Reihe nach abwechselnd, je 3 Eiswürfel so über den Tisch zu sliden, dass möglichst viele Punkte resultieren. Eiswürfel, welche die letzte Zone übersliden, ergeben 0 Punkte. Wer erzielt mit 3 Slides am meisten Punkte?

Variante
▶ Als Team-Wettkampf: Mit Lebensmittelfarbe können Eiswürfel verschieden eingefärbt werden. So können mehrere Spieler als Gruppe gegeneinander spielen.

Koordination:
Beweglichkeit:
Kraft:

Es braucht
▶ Klebeband, Eiswürfel

Sock Drifting Challenge – Instagram Anonymous

Auf einem möglichst großen Parkettboden wird, unter Kalkulation einer kleinen Anlaufstrecke, eine Startlinie markiert. Nun nehmen die Spielenden Anlauf und versuchen (einer nach dem anderen), auf den Socken möglichst weit zu driften. Wer kommt am weitesten?

Battle: Es werden gegenüberliegend 2 Startlinien markiert. Beim ersten Versuch startet A von der regulären Startlinie. B darf, von der Gegenseite kommend, von dort aus sliden, wo A gelandet ist. A wiederum am Punkt, den zuletzt B erreicht hat. Dies wird wiederholt, bis es einer schafft, die gegnerische Grund-Startlinie zu übersliden.

Koordination:
Beweglichkeit:
Kraft:

Es braucht
▶ Nichts!

Das Ziel ist, nicht auf das Ei zu schlagen ;-)

Fun Challenges @home

Scrambled Egg – Jürg Klingelfuß, Jan Meier, Schweiz

Man legt einen Klumpen Slime (Bastelanleitung S. Seite 101) als «Ei» auf den Tisch und stülpt einen kleinen, stabilen Plastikbecher darüber. Nun wird abwechselnd in einem regelmäßigen Rhythmus auf den Becher geschlagen. Anstatt zu schlagen, darf man (im gleichen Rhythmus) auch jederzeit den Becher vom Ei wegnehmen, in diesem Fall muss Spieler B auf den Tisch schlagen. Beim nächsten Spielzug muss den Plastikbecher wieder auf dem Ei platziert werden.

Verloren hat, wer aus dem Rhythmus fällt, das Ei zerhaut, vergisst, den Becher zurückzustellen oder aber beim Zurückstellen des Bechers das Ei beschädigt.

Variante (vereinfacht)
- Zwei Personen sitzen sich gegenüber an einem Tisch, in die Mitte wird ein Handschuh gelegt. Auf Signal geht's los: die beiden Personen schlagen im Rhythmus abwechselnd mit der flachen Hand auf den Handschuh. Jeder darf zu jeder Zeit stattdessen auch den Handschuh wegziehen. Passiert dies, muss Spieler B mit der Faust auf den Tisch schlagen, Spieler A muss beim nächsten Spielzug den Handschuh wieder hinlegen, usw. Wer einen Fehler macht, verliert. Es wird auf 3 Punkte gespielt.

Fun Challenges @home

Anleitung für die Herstellung eines Slime

Zutaten für eine Portion (ca. faustgroß)
- 125 ml flüssiger Bastelkleber (wasserlöslich und lösemittelfrei, muss PVA enthalten)
- 2 ml Flüssigwaschmittel
- Lebensmittelfarbe
- Evtl. etwas Kontaktlinsenflüssigkeit

Vorgehen
- Bastelkleber in eine Schüssel geben.
- Waschmittel hinzufügen – hier braucht es vielleicht etwas mehr. Generell gilt, je mehr Waschmittel, desto weicher der Schleim.
- Lebensmittelfarbe dazu geben, umrühren, bis ein Klumpen entsteht. Dieser wird im Anschluss geknetet, bis er die richtige Konsistenz hat. Fertig ist der Slime, wenn er nicht mehr klebt.
- Wenn der Slime sich nicht richtig bindet und verklebt, gibt man mehr Waschmittel oder ein wenig Kontaktlinsenflüssigkeit dazu.

Tipp: Der Slime muss luftdicht aufbewahrt werden. Am besten nimmt man einen kleinen, stabilen Plastikbecher, den man gleich für das Spiel verwenden kann.

Koordination:
Beweglichkeit:
Kraft:

Es braucht
- Slime (s. Rezept), einen stabilen Plastikbecher
- Variante: 1 Handschuh

Bei der Fake News Challenge geht es um kreatives Inszenieren

Fun Challenges @home

Fake News Challenge – Muriel Sutter, Schweiz

Hier geht es um Inszenierung. Viele tolle Ideen werden in der Realität durch die gnadenlose Schwerkraft zunichte gemacht. Dem gegenüber steht, dass zahlreiche imposante Fotos auf Instagram nur oder mehrheitlich durch geschickte Kameraführung und Retusche zustande kommen. Diese Praktik lässt sich mit dieser Challenge sehr gut auch mit den Teilnehmenden thematisieren. Alleine oder in Gruppen werden die verrücktesten Ideen einfach in der Horizontale inszeniert und von oben fotografiert. Accessoires, die den Effekt verstärken (Möbel, Zimmerpflanzen, etc.) können auch nachträglich mit Photoshop ins Bild kopiert werden. Jeder Turnende erstellt ein Vorher-Nachher-Bild (s. oben). Wer schafft den krassesten Fake?

Varianten
- Dies ist auch als Gruppenarbeit sehr spannend.
- Als Anschluss-Aufgabe kann jeder sein Bild auf Social Media posten, nach drei Tagen werden Statistiken und Kommentarspalte in Kleingruppen diskutiert.

Koordination:
Beweglichkeit:
Kraft:

Es braucht
- Eine Kamera, bei Bedarf beliebige Requisiten

Im Handumdrehen werden liegende zu fliegenden Posen

Fun Challenges @home

Dressing Salto Challenge – Jan Meier, Schweiz

Auch hier ist geschickte Inszenierung gefragt: Man wählt ein beliebiges Kunststück und zwei Outfits aus. A zieht Outfit Nr. 1 an, B bringt sich mit der Kamera in Position. A führt den Trick aus, B filmt. Dann zieht sich A um, stellt sich an die Position, wo der Trick geendet hat, zeigt eine schöne Pose mit Outfit Nr. 2, und marschiert davon. Die Challenge ist, den Übergang so zu gestalten, dass es nach geschnittenem Video so aussieht, als hätte sich A während des Tricks umgekleidet. Man muss sich also genau merken, wo und in welcher Position man nach dem Trick gelandet ist.

Koordination:
Beweglichkeit:
Kraft:

Es braucht
▸ 2 Outfits, eine Kamera

Gesunde Donuts zu backen ist eine wahre Challenge. Dafür hat man nach dem Spiel gleich eine Zwischenmahlzeit

Fun Challenges @home

Donut Rush – Nicolas und Chanti Sutter, Schweiz

Auf einem Tisch wird mit 2 Bahnen Abdeckband eine Straße geklebt (Breite = 3 x Breite der Donuts), in der Mitte werden in einer Linie farbige Punkte aufgeklebt. Am Start werden 3 Donuts ausgelegt, der Spielende erhält einen Kochlöffel, den er umgekehrt in der Hand hält. Auf ein Startsignal hin bewegt er mit dem Löffelstiel den hintersten Donut auf den 1. Punkt. Dann schiebt er den nächsten auf den 2. Punkt. Sobald alle Donuts im Spiel sind, wird jeweils der hinterste an den anderen Donuts vorbei auf den nächsten Punkt gebracht – ohne die Straße zu verlassen! Dies wird wiederholt, bis alle Donuts im Ziel sind. Dann kommt der nächste Spieler an die Reihe. Wer ist am schnellsten? Zeitzuschlag pro Übertretung des Straßenrands = 10 Sek.

Varianten
- Als Wettkampf auf 2 parallelen Bahnen.
- Als Würfelspiel: Auf einem Packpapier wird ein Himmel-und-Hölle-Spielplan mit beliebig vielen farbigen Punkten gezeichnet. Nun wird abwechselnd gewürfelt und gezogen. Die Farben bedeuten folgende Zusatzaufgaben:

  weiß = 1 x Treppe rauf und runter rennen
  gelb = 5 Liegestütze machen
  grün = einen Purzelbaum schlagen
  blau = 10 Sit-Ups machen

Wer einen Donut direkt ins Ziel ziehen kann, darf ihn behalten. Man muss das Ziel genau treffen, sonst zieht man wieder rückwärts.

Fun Challenges @home

Rezept für Donuts (von Ernährungsberaterin Ursula Zehnder)
- 350 g Mehl
- 15 g Butter
- ½ Würfel Hefe
- 175 ml Milch
- 60 g Zucker
- 1 TL Vanillezucker
- ¼ TL Zimt
- 1 Msp Salz

Für Glasur:
- 30 g Puderzucker, Lebensmittelfarbe, Streusel, 3–4 Tropfen Wasser

Anleitung
- Mehl, Salz, Zimt, Zucker und Vanillezucker in einer Schüssel mischen.
- Butter und Milch in einer Pfanne leicht erwärmen, Hefe dazugeben.
- In der Mitte des Mehlhaufens ein Loch bilden, die Flüssigkeit hineingießen und alles zu einem geschmeidigen Teig kneten.
- Den Teig zugedeckt an einem warmen Ort 1 Stunde gehen lassen.
- Den Teig ca. 2 cm dick ausrollen und mit einem großen Glas den Donut, mit einem Gewürzstreuer das Loch in der Mitte ausstechen.
- Auf ein gefettetes Backblech legen, nochmals 15 Min. gehen lassen und dann im vorgeheizten Ofen bei 180° 10 Minuten backen.
- Für die Glasur 30 g Puderzucker mit etwas Lebensmittelfarbe und ein paar Tropfen Wasser mischen und über die Donuts geben. Nach Belieben mit farbigen Streuseln dekorieren.

Alternativen: Donuts aus der Confiserie, Willisauer Ringli

Koordination: ≡ ≡
Beweglichkeit: ≡
Kraft: ≡

Es braucht
- Donuts oder Willisauer Ringli
- 1 Kochlöffel, Klebepunkte, Maler-Abdeckband
- Für Würfelspiel: 1 Würfel, 1 Packpapier, Filzstifte in 4 Farben

Expertenteam

Andres, Monika
MTB Coach, Lehrerin
VC und PS Hägglingen
Schweiz

Asgeirsdottir, Gudrun
Sportlehrperson
Hörðuvallaskóli
Island

Baert, Marc
Tänzer, Coach, Dozent
VTS Sint-Niklaas
Sint Niklaas, Belgien

Batutis, Olegas
PE Teacher, Burner Motion Ambassador
Prienai, Litauen

Beckmann, Manfred
Maître
Fechtgesellschaft Basel
Weil a. R., Deutschland

Fanni, Roberto
Tänzer & Tanzlehrer
Studio Danza Kalaris
Cagliari, Sardinien

Garcia, Blanca
Flexibility and Hand-balancing Coach
Tarragona, Spanien

Glaspey, Kathryin
Flexibility Artist & Coach
Bendy Pixie Flexibility
Oregon, USA

Haussener, Daniel
Sportlehrperson
Gymnasium Leonhard
Basel, Schweiz

Ching, Chin Hao
Sportlehrperson
Taichung
Taiwan, R.O.C

Hecht, Tobias
CEO, Verleger
Hofmann-Verlag
Schorndorf, Deutschland

Heimberg, Jasmin
Pole Instructor, Inhaberin
PoleArts Basel
Oberwil, Schweiz

Jakobsoone, Eeva
Director of Latvian schools sports, Teacher
Riga district, Lettland

Jakobsoone, Kristiine
PE Teacher
Riga district, Lettland

Juvonen, Carita
Sportlehrperson
Tuusula High School
Finnland

Klingelfuß, Jürg
Hochschulsportlehrer
Universität Luzern
Oberentfelden, Schweiz

Kress, Johanna
Sportstudentin
DSBG Universität Basel
Schweiz

Kummer, Remo
Sportstudent
DSBG Universität Basel
Schweiz

Looser, Benjamin
Sportstudent
DSBG Universität Basel
Schweiz

Marti, Martina
Artistin, Zirkusdidaktin
Volksbühne Berlin
Bern, Schweiz

Meier, Jan
Sportlehrer, Instruktor
Burner Motion
Basel, Schweiz

Mensch, Sarah
Apothekerin
Goldener Engel
Basel, Schweiz

Merki, Christoph
Gesundheits- und Kommunikationsexperte
Schleitheim, Schweiz

Myllyaho, Moona
Exercise physiologist &
Wellness Coach
Kuortane, Finland

Neuhaus, Richard
CEO, Instructor
LordZ Dance Academy
Wetzikon, Schweiz

Ozolina, Liena
Teacher, Fitness instructor
Seja, Mandegas
Riga district, Lettland

Pääjärvi-Myllyaho, Riitta
PE Teacher and
Chief Executive
Vaasa, Finland

Regazzoni, Giuseppe
P.E. teacher
Staff U17 Atalanta
Bergamo – Italien

Rohder, Tari
Sportstudentin Fontys
UoAS Sportshogeschool
Eindhoven, Niederlande

Schneider, Marc
Schulgründer, Lehrperson
Kairos Schulen Corp.
Lenzburg, Schweiz

Schneuwly, Aline
Hochschulsportlehrerin
ASVZ
Zürich, Schweiz

Sutter, Muriel
Autorin, Instruktorin
Burner Motion, Gym
Leonhard, Uni Basel
Schweiz

Sutter, Nicolas
Team Burner Motion
Primarlehrperson
Richterswil, Schweiz

Sutter, Nicole Alyssa
Sportstudentin
DSBG Universität Basel,
Schweiz

Dr. Chander, Yogesh
Assistant Professor
BPS Women University
Haryana, India

Tsai, Stephano
Sportlehrperson, Burner
Motion Ambassador
Taipeh, Taiwan

Vogel, Andrin
Sportstudent
DSBG Universität Basel
Schweiz

Wild, Anja
Sportstudentin
DSBG Universität Basel
Schweiz

Witsiers, Dennis
Burner Motion Ambassador,
Lecturer, Fontys Sportshogeschool Eindhoven, NL

Wolf, Athena
Flexibility Coach, Athlete
Shelastic Wolf
Belgrad, Serbien

Zehtabchi, Mandana,
Sportstudentin
DSBG Universität Basel
Schweiz

Dr. Zito, Viviana PhD
EUPEA South Europe
Coordinator, Burner
Motion Ambassador
Taranto, Italien

Ein großes Danke

Burner@home – ein Teamwork der Burner Community

Dieses Buch ist in verschiedener Hinsicht speziell – es ist in einer Zeit entstanden, in der nicht nur für den Sportunterricht große Verunsicherung herrschte. Schließung von Klassen und Räumen, rigide Auflagen und Online-Unterricht, bedeuteten für viele eine große Herausforderung – der Sportunterricht musste komplett neu gestaltet werden.

Auch für mich war diese Situation eine Herausforderung – dennoch wollte ich unbedingt ein Büchlein kreieren, um den Herausforderungen dieser Zeit zu begegnen. Burner @home ist aber viel mehr als ein «Krisenbewältigungsbuch». Die vielfältige Ideensammlung kann man zu jeder Zeit einsetzen, um mit wenig Aufwand ein attraktives und sinnvolles Ergänzungstraining für Zuhause zu gestalten.

Gelingen konnte dieses Projekt mit der Unterstützung der Internationalen Burner Community – Sportexperten aus aller Welt haben ihre coolsten Challenges eingesendet, die ich zu diesem Buch zusammenstellen durfte. Danke vielmals an Gudrun, Olegas, Eeva, Dennis, Liena, Anja, Jürg, Christoph, Gabi, Yogesh, Hao Chin, Stephano, Viviana, Riita, Roberto, Marc, Kathryn, Blanca, Athena Nicolas, Chanti, Martina, Moni, Gabi, Marc (2x), Manfred, Dani, Tobias, Jasmin, Kristiine, Carita, Johanna, Remo, Benjamin, Jan, Sarah, Moona, Richi, Beppe, Tari, Aline, Nicole, Yogesh, Andrin, Mandana für eure genialen Ideen!

Und ganz besonders möchte ich allen kleinen und großen Sportbegeisterten aus meinem Umfeld danken für ihre Inspiration, die immer wieder neue Projekte entstehen lässt.

Muriel Sutter, Autorin, im März 2021

Supporter

Ein ganz besonderer Dank gilt den Supporterinnen und Supportern, die im Hintergrund ganz viel dazu beigetragen haben, dass dieses Buch entstehen durfte:

- Cavaleri, Flavio (Bearbeitung Fotos Muriel)
- Haus, Dani (Transkript Espresso Challenge)
- Obrist, Marco (Fotos Muriel, Beirat)
- Sutter, Chanti (Donuts Testing)
- Sutter, Elisabeth (Beirat, Donuts Testing)
- Zehnder, Ursula (Donuts-Rezept)

Notizen

Notizen

Bibliografische Information der
Deutschen Nationalbibliothek

Die Deutsche Nationalbibliothek verzeichnet diese Publikation in der Deutschen Nationalbibliografie; detaillierte bibliografische Daten sind im Internet über http://dnb.d-nb.de abrufbar.

Bestellnummer: 4031

© 2021 by Muriel Sutter

www.hofmann-verlag.de

Alle Rechte vorbehalten.
Ohne ausdrückliche Genehmigung des Verlags ist es nicht gestattet, die Schrift oder Teile daraus auf fototechnischem Wege zu vervielfältigen. Dieses Verbot – ausgenommen die in §§ 53, 54 URG genannten Sonderfälle – erstreckt sich auch auf die Vervielfältigung für Zwecke der Unterrichtsgestaltung. Dies gilt insbesondere für Übersetzungen, Vervielfältigungen, Mikroverfilmungen und die Einspeicherung und Verarbeitung in elektronischen Systemen.

Erschienen als Band 12 der
Reihe Burner Motion

Fotos: Christian Rosenberger
Layout: Mirjam Stücker-Allenspach

Druck: Druck- und Kalender-Marketing Sosset GmbH, Kißlegg

Printed in Germany
ISBN 978-3-7780-4031-7